DIE NEUE ARBEITSGERICHTSBARKEIT

SYSTEMATISCHE EINFÜHRUNG

VON

DR. WALTER KASKEL

PROFESSOR AN DER UNIVERSITÄT
BERLIN

BERLIN · VERLAG VON JULIUS SPRINGER · 1927

ISBN-13: 978-3-642-94008-8 e-ISBN-13: 978-3-642-94408-6
DOI: 10.1007/978-3-642-94408-6

Vorwort.

Gegenüber den bisher erschienenen Kommentaren will die nachfolgende Arbeit eine systematische Einführung in die neue Arbeitsgerichtsbarkeit versuchen. Ein solcher Versuch dürfte um so eher gerechtfertigt sein, als das Arbeitsgerichtsgesetz aus sich selbst heraus überaus schwer verständlich ist und eine Übersicht über den Aufbau der Arbeitsgerichtsbarkeit und ihre Funktionen kaum gewinnen läßt. Auch sind die bereits heute in wichtigsten Fragen bestehenden Zweifel kaum aus einer Wortauslegung der einzelnen gesetzlichen Bestimmungen zu lösen, sondern nur, wenn man auf die grundsätzlichen Rechtsfragen zurückgreift, aus denen sich der Gesamtaufbau der Arbeitsgerichtsbarkeit und ihr Verhältnis zur ordentlichen Gerichtsbarkeit ergibt. So konnte sich diese Arbeit auch nicht auf eine mehr oder minder geordnete Darstellung des Gesetzesinhalts beschränken, sondern mußte vor allem die Zusammenhänge des neuen Arbeitsprozeßrechts mit dem allgemeinen Prozeßrecht aufzudecken suchen.

Die Arbeit enthält zugleich die neue Fassung der Darstellung der Arbeitsgerichtsbarkeit für mein Lehrbuch des Arbeitsrechts (Enzyklopädie der Rechts- und Staatswissenschaft XXXI) und soll bei einer veränderten Neuauflage dort (Seite 266ff.) eingefügt werden. Die Seitenzahlen in Klammern ohne näheren Zusatz verweisen auf mein Lehrbuch, die Seitenzahlen in Klammern mit Zusatz „oben“ oder „unten“ auf Seitenzahlen dieses Buches.

Berlin, im Mai 1927.

Walter Kaskel.

Inhaltsverzeichnis.

§ 1. Allgemeines.

§ 2. Die besonderen Arbeitssachen.

§ 3. Die Gerichte.

§ 4. Die Parteien.

§ 5. Das Verfahren.

Literaturverzeichnis.

Kommentare sind erschienen insbesondere von Dersch-Volkmar (Verlag Bensheimer) und Schmincke-Sell (Verlag Heß) sowie angekündigt von Flatow-Joachim (Verlag Springer), ferner von Aufhäuser-Nörpel (Allgemeiner Deutscher Gewerkschaftsbund), Bösche-Dittmar (Siebenstäbe-Verlag), Baumbach (Verlag Otto Liebmann), Elias (Verlag Gerisch & Co), Gerig (Christlicher Gewerkschaftsverlag), Goldschmidt (Conrad Habers Verlag), Held, Lieb und Gift (Becksche Verlagsbuchhandlung), Samter (Verlag Hirschfeld);

Textausgaben mit systematischer Einleitung von Depène (Verlag de Gruyter) und Kleeis (Verlag Wordel);

Führer durch das Gesetz vom Deutschnationalen Handlungsgehilfen-Verband (Hanseatische Verlagsanstalt) und Frankenburger (Verlag Beck).

Sonderzeitschrift: „Das Arbeitsgericht“ (früher „Gewerbe- und Kaufmannsgericht“).

§ 1. Allgemeines.

I. Begrifflich ist Arbeitsgerichtsbarkeit die besondere Gerichtsbarkeit in Arbeitssachen, d. h. die Gesamtheit der besonderen Einrichtungen behördlicher oder außerbehördlicher Art, die im Rahmen des allgemeinen Bereichs der Gerichtsbarkeit für die besondere Gruppe der Streitigkeiten in Arbeitssachen bestehen. Die Arbeitsgerichtsbarkeit ist daher einerseits Gerichtsbarkeit (A), andererseits aber eine von der allgemeinen Gerichtsbarkeit losgelöste und auf bestimmte „Arbeitssachen" beschränkte Sondergerichtsbarkeit (B).

A. Die Arbeitsgerichtsbarkeit ist echte Gerichtsbarkeit.

1. Ihrem Wesen nach umfaßt sie daher Recht und Pflicht zur Rechtspflege, d. h. zur Entscheidung von Streitigkeiten durch Anwendung von bestehenden Rechtsnormen auf einzelne Tatbestände. Sie unterscheidet sich hierdurch vor allem von der Schlichtung. Denn die Schlichtung dient der Austragung von Gesamtstreitigkeiten, deren Gegenstand eine Interessenstreitigkeit und deren Ziel die Schaffung neuer Normen („Gesamtvereinbarungen") ist, wobei diese Austragung selbst nach freiem Ermessen und Grundsätzen der Zweckmäßigkeit erfolgt (S. 282). Die Arbeitsgerichtsbarkeit dient dagegen der Austragung von Einzelstreitigkeiten, deren Gegenstand eine Rechtsstreitigkeit und deren Ziel die Entscheidung eines bestimmten einzelnen Streitfalles ist, wobei diese Entscheidung auf der Anwendung bereits bestehender Rechtsnormen auf einen bestimmten Tatbestand beruht. Die Arbeitsgerichtsbarkeit besteht demgemäß materiell in der Feststellung und Verwirklichung von Ansprüchen und findet äußerlich in der Form aller Gerichtsbarkeit statt, also durch Klage, Prozeßverhandlung, Urteil und Vollstreckung.

2. Ihrer Form nach ist die Arbeitsgerichtsbarkeit streitige Gerichtsbarkeit, bei der die eine Partei auf Grund eines vermeintlichen Anspruchs Verurteilung des Gegners beantragt, der Gegner auf Grund substantiierten Leugnens dieses Anspruchs (Bestreitens, Einwendens, Rechtsausführungen) die Klagabweisung erbittet, und das Gericht nur im Rahmen dieser Anträge verurteilen oder abweisen kann. Dagegen handelt es sich bei der Arbeitsgerichtsbarkeit niemals um sog. freiwillige Gerichtsbarkeit[1]). Denn diese besteht in der gerichtlichen Mitwirkung bei Begründung, Änderung oder Aufhebung von Privatrechtsverhältnissen. Soweit sich aber die Tätigkeit des Arbeitsgerichts in Betriebsstreitigkeiten scheinbar in einer solchen Mitwirkung erschöpft (unten S. 8/9), handelt es sich einmal niemals um Rechtsverhältnisse des Privatrechts, sondern des öffentlichen Betriebsverfassungsrechts[2]). Und andererseits wird das Arbeitsgericht auch im Rahmen des öffentlichen Betriebsverfassungsrechts nur dann und nur insoweit tätig, als eine eigentliche Streitigkeit vorliegt, deren Austragung daher auch im Wege streitiger Gerichtsbarkeit erfolgt, freilich nicht im Wege streitiger Zivil-, sondern Verwaltungs- bzw. Disziplinargerichtsbarkeit (unten S. 2).

3. Ihrem Gegenstand nach ist diese streitige Gerichtsbarkeit in der Regel Zivilgerichtsbarkeit (a), ausnahmsweise Verwaltungsgerichtsbarkeit (b), niemals Strafgerichtsbarkeit (c).

---

[1]) Unrichtig im Anschluß an die amtliche Begründung zum Gesetz die bisher erschienenen Kommentare bez. der Arbeitssachen aus § 2 Nr. 5, insbes. Dersch-Volkmar, Anm. 22 zu § 2 und Anm. 5 zu § 1, sowie Fraenkel, Betriebsräte und Arbeitsgerichtsgesetz (Berlin, Laubsche Verlagsbuchhandlung 1927), S. 25ff.

[2]) RG. 23. 5. 1924, NZfA. 1924, Sp. 631.

a) Als einer Zivilgerichtsbarkeit unterliegen ihr ausschließlich „bürgerliche Rechtsstreitigkeiten" im Sinne des § 13 Ger. Verf. Ges. Die geltend gemachten Ansprüche sind also privatrechtliche Ansprüche, und nur soweit Streitigkeiten als bürgerliche Rechtsstreitigkeiten an sich vor die ordentlichen Gerichte gehören würden, werden sie aus diesen bürgerlichen Rechtsstreitigkeiten (aber nur aus diesen) ausgesondert und den Arbeitsgerichten überwiesen. Soweit dagegen Streitigkeiten schon deshalb nicht vor die ordentlichen Gerichte gehören würden, weil sie gar keine bürgerlichen Rechtsstreitigkeiten im Sinne jener Vorschrift sind, gehören sie auch nicht vor die Arbeitsgerichte.

b) Ausnahmsweise umfaßt die Arbeitsgerichtsbarkeit aber auch eine Verwaltungsgerichtsbarkeit, nämlich in den in § 2 Nr. 5 aufgezählten Betriebsstreitigkeiten. Hier handelt es sich um reine öffentlichrechtliche Verwaltungssachen, die entweder Streitigkeiten zwischen Betriebsinhaber und Betriebsvertretung oder die Durchführung der staatlichen Aufsicht über die Betriebsvertretungen oder eine Art Disziplinarverfahren diesen gegenüber zum Gegenstand haben. Hierfür waren daher ursprünglich im BRG. reine Verwaltungsgerichte bzw. Verwaltungsbehörden, nämlich die Wirtschaftsräte, vorgesehen, die, solange Bezirks- und Landeswirtschaftsräte nicht bestanden, zunächst provisorisch durch andere Behörden ersetzt wurden (Preußen: Gewerbeaufsicht). Erst als die Bildung solcher Wirtschaftsräte sich immer mehr verzögerte und überhaupt ungewiß wurde, ist die Austragung dieser Betriebsstreitigkeiten dem Arbeitsgericht überwiesen worden, wird aber hier in einem besonderen verwaltungsgerichtlichen „Beschlußverfahren" erledigt (unten S. 9 und 33).

c) Eine Strafgerichtsbarkeit steht den Arbeitsgerichten niemals zu, vielmehr liegt alle Strafgerichtsbarkeit in Arbeitssachen[1]) nach wie vor den ordentlichen Gerichten ob, die sie im Wege des ordentlichen Strafprozesses ausüben (S. 220).

B. Die Arbeitsgerichtsbarkeit ist eine aus der allgemeinen Gerichtsbarkeit für bestimmte Streitsachen herausgelöste Sondergerichtsbarkeit.

Diese Sondergerichtsbarkeit äußert sich in der Schaffung besonderer Gerichtsbehörden und eines besonderen vor diesen Behörden sich abspielenden Verfahrens und unterscheidet sich einerseits von sonstigen Arten einer Gerichtsbarkeit (1), andererseits von einer bloß unterschiedlichen Zuständigkeit (2).

1. Von sonstigen Arten einer Gerichtsbarkeit unterscheidet sich die Arbeitsgerichtsbarkeit als Sondergerichtsbarkeit einerseits von der ordentlichen Gerichtsbarkeit (a), andererseits von einer etwaigen Ausnahmegerichtsbarkeit (b) und ist verfassungsmäßig zulässig (c).

a) Die ordentliche Gerichtsbarkeit umfaßt nach § 13 Ger. Verf. Ges. alle bürgerlichen Rechtsstreitigkeiten, „für die nicht reichsgesetzlich besondere Gerichte bestellt oder zugelassen sind". Für eine Sondergerichtsbarkeit ist daher neben der allgemeinen ordentlichen Gerichtsbarkeit nur insoweit Raum, als es sich entweder um andere als bürgerliche Rechtsstreitigkeiten handelt, oder aber als für bürgerliche Rechtsstreitigkeiten die Einrichtung besonderer Gerichte kraft Reichsrechts entweder als notwendig gefordert oder als zulässig erlaubt wird.

Soweit daher die Arbeitsgerichte nicht in bürgerlichen Rechtsstreitigkeiten, sondern in Verwaltungssachen tätig werden, ist ihre Gerichtsbarkeit eine ohne weiteres zulässige Sondergerichtsbarkeit, wie die der Finanzgerichte, Versicherungsbehörden, Verwaltungsgerichte usw. Soweit die Arbeitsgerichte dagegen in bürgerlichen Rechtsstreitigkeiten tätig werden dürfen bzw. müssen, bedarf es hierzu einer besonderen reichsgesetzlichen Bestellung im Sinne des § 13 GerVerfGes. Diese reichsgesetzliche Bestellung ist durch das Arbeitsgerichtsgesetz erfolgt, das bestimmte, ihrem Gegenstand nach abgegrenzte bürgerliche Streitigkeiten aus der

[1]) Es handelt sich vor allem um Verstöße gegen Arbeiterschutzvorschriften, Schwerbeschädigtengesetz (vgl. § 114) und Arbeitsnachweisgesetz.

allgemeinen Gerichtsbarkeit der ordentlichen Gerichte herausgelöst und einer Sondergerichtsbarkeit der Arbeitsgerichte überwiesen hat[1]).

b) Dagegen sind die Arbeitsgerichte keine (nach Art. 105 RV. unzulässige) Ausnahmegerichte. Denn unter Ausnahmegerichten sind solche Gerichte zu verstehen, die zur Aburteilung bestimmter einzelner Tatbestände („ad hoc") errichtet werden, die sich in der Vergangenheit bereits ereignet haben und die den zur Zeit der Erfüllung des zu beurteilenden Tatbestandes bzw. der Vornahme der zu beurteilenden Handlung kompetent gewesenen Gerichten hinterher durch besondere gesetzliche oder sonstige Anordnungen entzogen werden[2]). Die Arbeitsgerichte sind dagegen einmal nicht für bestimmte Einzelfälle, sondern für gattungsmäßig abgegrenzte Streitsachen geschaffen, die auch (abgesehen von der Übergangsbestimmung für bereits anhängige Streitsachen nach § 121) nicht in der Vergangenheit liegen, sondern erst künftig neu entstehen.

c) Damit steht zugleich die verfassungsmäßige Zulässigkeit der besonderen Arbeitsgerichtsbarkeit fest. Sie verstößt vor allem nicht gegen Art. 103 RV., der nur von der Ausübung, nicht aber vom Umfang der ordentlichen Gerichtsbarkeit handelt[3]).

2. Die Schaffung einer besonderen Arbeitsgerichtsbarkeit ist aber andererseits nicht eine bloße Verteilung der Zuständigkeit zwischen ordentlichen Gerichten und Arbeitsgerichten[4]). Denn während die Gerichtsbarkeit Recht und Pflicht bestimmter gattungsmäßig festgesetzter Stellen zur Rechtspflege überhaupt umfaßt, beschränkt sich die Zuständigkeit auf die Bestimmung, welche dieser (mit Gerichtsbarkeit versehenen) Stellen im einzelnen Fall sachlich und örtlich zur Entscheidung berufen ist.

Bezüglich der Tätigkeit der Arbeitsgerichte in Verwaltungssachen folgt die Schaffung einer besonderen Gerichtsbarkeit und nicht einer lediglich abgezweigten Zuständigkeit schon daraus, daß hier eine Gerichtsbarkeit der ordentlichen Gerichte überhaupt nicht in Frage kommt. Aber auch für bürgerliche Rechtsstreitigkeiten gilt das gleiche: Schon für das bisherige Recht konnte dies aus § 3 EinfG. zur ZPO. entnommen werden, wo ausdrücklich davon ausgegangen ist, daß dort, wo „besondere Gerichte zugelassen" werden, diesen eine „Gerichtsbarkeit in bürgerlichen Rechsstreitigkeiten" übertragen wird. Immerhin sprachen die früheren Gesetze über die Gewerbe- und Kaufmannsgerichte (unrichtigerweise) nur von einer „Zuständigkeit". Das Arbeitsgerichtsgesetz hat aber nunmehr die Frage unzweifelhaft klargestellt, indem es bewußt in den §§ 1 und 4 „die Gerichtsbarkeit in Arbeitssachen" den neuen Arbeitsgerichten überträgt, von der die bloße Zuständigkeit dieser Gerichte in § 2 ausdrücklich geschieden wird[5]). Damit ist auch für die bürgerlichen Rechtsstreitigkeiten

---

[1]) Dieser Unterschied ist auch darum von Bedeutung, weil im Bereich der bürgerlichen Rechtsstreitigkeiten den ordentlichen Gerichten kraft ihrer „Elastizität" alle Streitsachen verblieben sind, die ihnen nicht ausdrücklich entzogen und den Arbeitsgerichten überwiesen sind, so daß ihnen im Streitfall auch die Entscheidung zusteht, ob ein zur Arbeitsgerichtsbarkeit gehörender Rechtsstreit vorliegt (S. 22/23).

Soweit dagegen den Arbeitsgerichten eine Verwaltungsgerichtsbarkeit übertragen ist, gibt es eine allgemeine mit Elastizität verbundene Gerichtsbarkeit ordentlicher Verwaltungsgerichte überhaupt nicht, so daß die öffentlichrechtlichen Betriebsstreitigkeiten an sich weder den ordentlichen bürgerlichen Gerichten noch allgemeinen Verwaltungsgerichten zufallen würden. Hier wird man daher annehmen dürfen, daß alle Gerichtsbarkeit in öffentlichrechtlichen Betriebsstreitigkeiten den Arbeitsgerichten schlechthin übertragen ist, auch soweit eine solche Übertragung nicht durch den ausdrücklichen Wortlaut des § 2 Nr. 5 gedeckt wird. Dies ist von besonderer Wichtigkeit für Streitigkeiten aus Betriebsvereinbarungen oder über deren Bestehen oder Nichtbestehen, deren Entscheidung nunmehr in allen Fällen den Arbeitsgerichten zusteht (unten S. 9).

[2]) Die viel umstrittene Frage ist hier ohne Bedeutung. Nach Anschütz, Komm. zur RV. Anm. 3 zu Art. 105 genügt die Bestellung durch konkrete Anordnung für bestimmte einzelne Fälle, auch wenn diese sich erst später ereignen. Das. weitere Literatur.

[3]) RG. 25. 1. 1924, Bd. 107, S. 315. Ebenso (gegen Bewer) Dersch-Volkmar, S. 41.

[4]) Hierzu Hellwig, Lehrbuch des deutschen Zivilprozeßrechts (Leipzig 1903) S. 87ff. A. M. Stein-Juncker, Grundriß, S. 76.

[5]) Juristisch noch korrekter hätte es freilich im § 2 heißen müssen, daß „die Arbeitsgerichtsbarkeit" die dort genannten Sachen „umfaßt", während es dann bei den einzelnen Arbeitsgerichtsbehörden jeweils hätte heißen müssen, daß sie für die Entscheidung in Arbeitssachen in erster bzw. zweiter bzw. dritter Instanz sachlich zuständig sind.

die grundsätzliche Ausgliederung der Arbeitsgerichtsbarkeit aus der ordentlichen Gerichtsbarkeit und ihre Übertragung an besondere Arbeitsgerichtsbehörden ausgesprochen, die ihrerseits gattungsmäßig von den ordentlichen Gerichten verschiedene Gerichte sind, deren Funktionen im Verhältnis zu den ordentlichen Gerichten nicht anders wie die Funktionen der Finanzgerichte, Versicherungsbehörden, Kulturämter usw. im Verhältnis verschiedener Gerichtsbarkeiten zueinander stehen[1]). Über die daraus sich ergebenden praktischen Folgerungen vgl. unten S. 20/23.

II. Der Zweck der Schaffung einer solchen besonderen Arbeitsgerichtsbarkeit geht dahin, einerseits durch Hinzuziehung von Personen zu Richtern, die mit den Fragen des Arbeitsverhältnisses besonders vertraut sind, eine sachkundige Rechtsprechung zu gewährleisten, zu der die Beteiligten Vertrauen haben, andererseits das Verfahren einfacher, schneller und billiger zu gestalten, als dies bei der ordentlichen Gerichtsbarkeit bisher möglich war.

III. Die geschichtliche Entwicklung[2]) einer besonderen Arbeitsgerichtsbarkeit in diesem Sinne beginnt mit der Bildung besonderer Zunftgerichte zur Entscheidung gewerblicher Streitigkeiten zwischen Meistern und Gesellen (A). Sie findet ihre Fortsetzung in den durch die napoleonische Gesetzgebung geschaffenen Conseils de prud'hommes (B), denen die deutsche arbeitsrechtliche Gesetzgebung zwar in ihrer ersten Periode (S. 5ff.) nur unzulängliche Bildungen an die Seite gestellt hat (C), an die sie aber in ihrer zweiten Periode durch die Schaffung besonderer Gewerbe- und Kaufmannsgerichte angeknüpft hat (D), die in der Nachkriegszeit nach lebhaften Kämpfen über die Art der Neugestaltung in einem umfassenden Arbeitsgerichtsgesetz vom 23. 12. 26 durch allgemeine Arbeitsgerichte ersetzt sind (E.)

A. Die erstarkenden Zünfte (Innungen) erstrebten und erlangten seit Ende des 13. Jahrhunderts mit der allgemeinen Gerichtsbarkeit in gewerblichen Streitigkeiten zugleich die Gerichtsbarkeit in Streitsachen zwischen Zunftmitgliedern (Meistern) und ihren Gesellen, während die bisher hierfür zuständigen staatlichen und städtischen Behörden in örtlicher Verschiedenheit mehr oder minder ausgeschaltet oder doch auf bloße Aufsicht, Entsendung von Vertretern oder Berufungsinstanz zurückgedrängt wurden. Daneben gelang es aber vielfach auch den Gesellenverbänden (S. 223) — wenn auch im Widerspruch mit Zünften und Ratsverwaltungen —, in eigenen Gesellengerichten eine Rechtsprechung nicht nur über ihre Mitglieder, sondern auch in Streitigkeiten zwischen Gesellen und Meistern auszuüben. Mit dem Verfall der Zünfte und dem Einsetzen der koalitionsfeindlichen Gesetzgebung, vor allem in der Reichszunftordnung von 1731 (S. 223), wurde diese Sondergerichtsbarkeit der Zünfte bis zur Bedeutungslosigkeit beschränkt, die der Gesellengerichte verboten und die Entscheidung der Handwerksstreitigkeiten den allgemeinen Gerichten bzw. Polizeibehörden übertragen.

B. Eine Erneuerung der gewerblichen Sondergerichtsbarkeit ging indessen von den Conseils de prud' hommes aus, die in Frankreich, vor allem in Lyon, auf Grund der napoleonischen Gesetzgebung seit dem Jahre 1806 errichtet wurden. Im einzelnen verschieden, bestanden sie zur Entscheidung von Streitigkeiten zwischen Unternehmern und Angestellten, waren aus Arbeitgebern und Arbeitnehmern zusammengesetzt, die aus Wahlen hervorgingen, zerfielen in eine Vergleichskammer (bureau particulier) und eine Entscheidungskammer (bureau général), welch letztere erst nach Scheitern des obligatorischen Sühneversuchs tätig wurde, und hatten ein einfaches und billiges Verfahren.

C. In Deutschland wurden diese Conseils de prud' hommes, soweit sie im Rheinland unter französischer Herrschaft gebildet worden waren, 1815 unter der preußischen Herrschaft aufrecht erhalten und vermehrt, erhielten seit 1846 die Bezeichnung „Königliche Gewerbegerichte“ und wurden für ähnliche Einrichtungen im übrigen Deutschland vorbildlich. Nach vereinzelten erfolglosen Versuchen sah vor allem die preuß. VO. vom 9. 2. 49 betr. die Errichtung von Gewerbegerichten derartige Gerichte in enger Anlehnung an das rheinische Vorbild vor, doch gingen die wenigen daraufhin errichteten Gerichte alsbald wieder ein, weil das Verfahren nur lückenhaft geregelt, zu schwerfällig und vor allem zu kostspielig war. Und auch in Sachsen, wo 1861 ein entsprechendes Gesetz erlassen wurde, kam es auf Grund desselben nur zur Bildung eines einzigen Gewerbegerichts.

---

[1]) Teilweise abweichend Dersch-Volkmar, Anm. 11 zu § 1.

[2]) Stieda, Das Gewerbegericht Leipzig 1890; Silberschmidt, Die deutsche Sondergerichtsbarkeit in Handels- und Gewerbesachen, Beilageheft zu Bd. 55, Zeitschr. f. Handelsr. 1904, S. 258ff.

Die Gewerbeordnung von 1869 beschränkte sich daher in § 108 darauf, die Entscheidung von Streitigkeiten zwischen Gewerbetreibenden und ihren Arbeitern mangels besonderer Behörden grundsätzlich den Gemeindebehörden zu überweisen und es lediglich statt dessen den Gemeinden zu überlassen, durch Ortsstatut Schiedsgerichte unter gleichmäßiger Zuziehung von Arbeitgebern und Arbeitern zu bilden.

Auch diese Bestimmung war indessen unzureichend, weil infolge des Fehlens von Ausführungsbestimmungen, vor allem über die Zusammensetzung solcher Schiedsgerichte, ihre prozessualen Befugnisse, das Verfahren und die Rechtswirksamkeit ihrer Entscheidungen, von der Möglichkeit der ortsstatutarischen Einrichtung gewerblicher Schiedsgerichte kein Gebrauch gemacht wurde. Trotzdem führten mehrere dem Reichstag gemachte Vorlagen über die Errichtung besonderer Gewerbegerichte (1873, 1874, 1889), abgesehen von der Schaffung besonderer Innungsgerichte für Streitigkeiten der Innungsmitglieder mit ihren Gesellen und Lehrlingen zu keinem gesetzlichen Ergebnis.

D. Erst mit dem Eintritt in die zweite Periode der arbeitsrechtlichen Gesetzgebung (S. 6) wurde diesen Wünschen zugleich mit dem Ausbau der Arbeiterschutzgesetzgebung durch Schaffung des Gewerbegerichtsgesetzes und des Kaufmannsgerichtsgesetzes entsprochen: Zunächst kam es für gewerbliche Streitigkeiten zu dem Gesetz betr. die Gewerbegerichte vom 29. 7. 90. Hier wurde in Anlehnung an die Conseils de prud'hommes eine außerhalb der Organisation der ordentlichen Gerichte stehende Sondergerichtsbarkeit für die Entscheidung gewerblicher Streitigkeiten zwischen den Unternehmern und ihren gewerblichen Arbeitern sowie niedrig gelohnten technischen Angestellten geschaffen. Die Errichtung der hierfür erforderlichen besonderen „Gewerbegerichte" wurde den Gemeinden übertragen; bei der Rechtsprechung dieser Gerichte sollten die Beteiligten selbst, also die gewerblichen Arbeitgeber und Arbeitnehmer, in jeweils gleicher Anzahl („paritätisch") mitwirken. Die Bildung dieser Gewerbegerichte war zunächst nur fakultativ vorgesehen, wurde aber bei der Novellierung bzw. Neuredaktion des nunmehr als „Gewerbegerichtsgesetz" bezeichneten Gesetzes vom 30. 6. bzw. 29. 9. 01 für größere Gemeinden obligatorisch vorgeschrieben. Inzwischen hatten aber auch die kaufmännischen Angestellten für die Entscheidung ihrer Streitigkeiten mit den Prinzipalen eine entsprechende Sondergerichtsbarkeit verlangt. Auch diesem Wunsche wurde durch das nach dem Vorbild des Gewerbegerichtsgesetzes aufgebaute Gesetz betr. die Kaufmannsgerichte vom 6. 7. 04 entsprochen. Demgemäß sind insgesamt 585 Gewerbegerichte und 338 Kaufmannsgerichte errichtet worden.

E. In der Nachkriegszeit setzte alsbald das Bestreben ein, durch Schaffung allgemeiner Arbeitsgerichte diese besondere Arbeitsgerichtsbarkeit, über das gewerbliche und kaufmännische Arbeitsverhältnis hinaus, auf alle Arbeitsstreitigkeiten sämtlicher Arbeitgeber und Arbeitnehmer schlechthin zu erstrecken, vor allem also auch die landwirtschaftlichen und hauswirtschaftlichen Streitigkeiten und die Arbeitsstreitigkeiten der Staats- und Gemeindearbeiter und -Angestellten, Büroangestellten, höher gelohnten und leitenden Angestellten diesen Gerichten zu unterstellen. Auch sollten solche Gerichte nicht nur, wie bisher, bei den größeren Gemeinden errichtet werden, sondern das ganze Reichsgebiet sollte mit einem lückenlosen Netz von Arbeitsgerichten überzogen und damit die ordentliche Gerichtsbarkeit für Arbeitsstreitigkeiten jeder Art und an jedem Ort völlig ausgeschaltet werden. Doch wurde lange darüber gestritten, ob dies im Rahmen einer allgemeinen Arbeitsbehörde geschehen solle, bei der überhaupt alle behördliche Tätigkeit in Arbeitssachen (Arbeitsnachweis, Schlichtung, Gerichtsbarkeit, Arbeitsaufsicht, Versicherungsamt, usw.) zusammenzufassen wäre[1]), oder durch Ausdehnung der sachlichen und örtlichen Zuständigkeit der Gewerbe und Kaufmannsgerichte[2]), oder durch Eingliederung in die ordentlichen Gerichte, etwa nach dem Vorbild der

---

[1]) So insbes. Kaskel, AR. 19, S. 47.

[2]) So vor allem Landsberger, Gew. u. Kaufm.-Ger. Bd. 27, S. 213.

Kammern für Handelssachen[1]). Andererseits wurde der bestehende Rechtszustand immer unhaltbarer, da aus einem gewissen Mißtrauen gegenüber den ordentlichen Gerichten zu Beginn der Nachkriegszeit die Entscheidung von Streitigkeiten aus dem damals neu entstandenen Arbeitsrecht den für ganz andere Aufgaben errichteten Schlichtungsausschüssen übertragen wurde, die dafür umso ungeeigneter waren, als ihre Entscheidungen keine Vollstreckungstitel bildeten, so daß es bei Nichterfüllung ihres Spruches stets noch eines gerichtlichen Nachverfahrens bedurfte. Auch waren die zur Entscheidung von Betriebsstreitigkeiten im § 93 BRG. vorgesehenen Bezirkswirtschaftsräte niemals errichtet worden. So hatte eine vorläufige Reform, die in Verbindung mit der neuen Schl.VO. vom 30. 10. 23 durch eine Ausführungs-VO. vom 10. 12. 23 erfolgte, zunächst versucht, diese Streitigkeiten aus dem neuen Arbeitsrecht, vor allem die Entlassungsstreitigkeiten, sowie die Betriebsstreitigkeiten, für sämtliche Berufsstände den Gewerbegerichten zu übertragen, die damit insoweit zu allgemeinen Arbeitsgerichten wurden, nur für kaufmännische Streitigkeiten den Kaufmannsgerichten, und wo weder Gewerbe- noch Kaufmannsgerichte bestanden, besonderen arbeitsgerichtlichen Kammern bei den Schlichtungsausschüssen als „Ersatzarbeitsgerichten". Eine endgültige Lösung[2]) erfolgte aber erst durch das Arb.Ger.Ges. vom 23. 12. 26, das am 1. 7. 27 in Kraft getreten ist. In Form eines Kompromisses zwischen den Wünschen nach Eingliederung bzw. völliger Sondergerichtsbarkeit sieht es zwar formell eine Sondergerichtsbarkeit vor, führt diese aber nur in der untersten Instanz in Gestalt selbständiger Gerichte praktisch durch, denen jedoch in der Regel ordentliche Richter vorsitzen sollen, während Mittelinstanz und oberste Instanz mindestens organisatorisch den bestehenden ordentlichen Gerichten angegliedert bzw. eingegliedert sind.

IV. Die Gliederung der Darstellung ergibt sich daraus, daß die besondere Arbeitsgerichtsbarkeit einmal die gegenständliche Abgrenzung der besonderen „Arbeitssachen" erfordert, die allein der Arbeitsgerichtsbarkeit unterliegen (§ 2), sodann die Schaffung besonderer Arbeitsgerichtsbehörden, denen die Gerichtsbarkeit obliegen soll (§ 3), weiter die Bestimmung der Parteien, die vor diesen Behörden ein arbeitsgerichtliches Verfahren betreiben können (§ 4), und endlich die Ausgestaltung dieses besonderen Verfahrens selbst (§ 5).

§ 2. Die besonderen Arbeitssachen.

Die arbeitsrechtlichen Einzelstreitigkeiten, die der besonderen Arbeitsgerichtsbarkeit unterliegen, bezeichnet § 1 als „Arbeitssachen". Ihre Abgrenzung gegenüber sonstigen Streitsachen ist in den §§ 2—5 nach ihrem Gegenstand erfolgt, während es unerheblich ist, ob die prozessuale Geltendmachung und Verfolgung dieser Sachen von den ursprünglichen Arbeitsparteien selbst oder aber von einem Rechtsnachfolger dieser Parteien ausgeht § 2 Abs. 2 (unten S. 24/25). Danach sind Arbeitssachen diejenigen gegenständlich bestimmten Streitsachen, die das Gesetz einzeln und erschöpfend aufzählt.

Der Kreis dieser besonderen Arbeitssachen, die allein der Arbeitsgerichtsbarkeit unterliegen, und zwar sowohl im Wege der Klage wie der Widerklage, ergibt sich daraus: einmal, welche Sachen kraft Gesetzes notwendig hierunter fallen, inwieweit die Arbeitsgerichtsbarkeit also mindestens besteht und demgemäß „obligatorisch" ist (I), ferner welche Sachen darüber hinaus von den Parteien freiwillig vor die Arbeitsgerichte gebracht werden können, inwieweit die Arbeitsgerichtsbarkeit also erweiterungsfähig und demgemäß „fakultativ" zulässig ist (II), und endlich welche Sachen, die an sich kraft Gesetzes unter die (obligatorische) Arbeitsgerichtsbarkeit fallen würden, ihr auf Grund Parteivereinbarung entzogen

[1]) So vor allem Bewer in zahlreichen Aufsätzen.

[2]) Über die verschiedenen Entwürfe und amtlichen Drucksachen vgl. Schmincke-Sell, S. 7—10.

und vor andere (staatliche oder nichtstaatliche) Gerichte gebracht werden können, inwieweit die Arbeitsgerichtsbarkeit also unter das gesetzliche Maß kraft Parteiwillens herabgedrückt werden kann und demgemäß durch Schiedsvereinbarung beschränkbar ist (III).

I. Die obligatorische Arbeitsgerichtsbarkeit, also der Kreis der kraft Gesetzes unter die Arbeitsgerichtsbarkeit fallenden Arbeitssachen (§ 2) umfaßt einerseits bestimmte bürgerliche Rechtsstreitigkeiten (A), und andererseits bestimmte öffentlichrechtliche Betriebsstreitigkeiten (B). Beide sind zugleich formell dadurch unterschieden, daß die ersteren im Urteilsverfahren, die letzteren im Beschlußverfahren erledigt werden.

A. Die bürgerlichen Rechtsstreitigkeiten, die der Arbeitsgerichtsbarkeit unterliegen, zerfallen in drei verschiedene Gruppen, nämlich die Dienststreitigkeiten (1), die Verbandstreitigkeiten (2) und die Gruppenstreitigkeiten (3).

1. Die Dienststreitigkeiten (§ 2 Abs. 1 Nr. 2 und 4) sind Streitigkeiten auf Grund von Einzelarbeitsverträgen einschließlich Lehrverträgen[1]). Sie bestehen demgemäß zwischen dem einzelnen Arbeitgeber bzw. Lehrherrn und seinen Arbeitnehmern bzw. Lehrlingen. Sie sind entweder Vertragsstreitigkeiten (a) oder Streitigkeiten aus einer im Zusammenhang mit dem Vertrag begangenen unerlaubten Handlung (b) und unterstehen der Arbeitsgerichtsbarkeit stets, abgesehen von wenigen erschöpfend aufgezählten Ausnahmefällen (c).

a) Vertragsstreitigkeiten bestehen nach Maßgabe der verschiedenen zeitlichen Stadien eines Arbeitsvertrages in folgenden 5 Fällen:

α) Streitigkeiten aus Vorverhandlungen über Eingehung des Vertrages (insbesondere Vorverträgen).

β) Streitigkeiten über Bestehen oder Nichtbestehen eines Vertrages[2]).

γ) Streitigkeiten aus dem Vertrage, d. h. über die auf Grund des Vertrages bestehenden Haupt- und Nebenpflichten der Vertragsparteien (vor allem also Lohn).

δ) Streitigkeiten über die Auflösung des Vertrages (insbesondere über Kündigung und Entlassung und deren Folgen)[3]).

ε) Streitigkeiten über Nachwirkungen eines aufgelösten Vertrages (vor allem über Zeugnis, Auskunft, Konkurrenzverbot).

b) Streitigkeiten aus unerlaubter Handlung fallen nur dann unter die Arbeitsgerichtsbarkeit, wenn die unerlaubte Handlung von einer der Vertragsparteien begangen ist und mit dem Arbeitsvertrag „in Zusammenhang steht", d. h., wenn die Begehung der unerlaubten Handlung einerseits äußerlich ursächlich auf das Arbeitsverhältnis zurückzuführen, andererseits aber auch innerlich dadurch bestimmt (motiviert) worden ist, so daß der Täter die unerlaubte Handlung nur vermöge seiner Eigenschaft als Arbeitgeber oder Arbeitnehmer begangen hat bzw. begehen konnte[4]).

c) Ausnahmen von der Arbeitsgerichtsbarkeit in bezug auf Dienststreitigkeiten bestehen nur für folgende 3 Fälle:

---

[1]) Für Lehrlingsstreitigkeiten zwischen Innungsmitgliedern und ihren Lehrlingen besteht aber eine besondere Gerichtsbarkeit der Innungen. Vgl. unten S. 19.

[2]) Daher auch aus ungerechtfertigter Bereicherung oder Geschäftsführung ohne Auftrag im Falle der Nichtigkeit des Vertrages.

[3]) Dazu gehören auch die Entlassungsstreitigkeiten im Einspruchsverfahren nach §§ 86, 87 BRG., die prozessual nur dadurch unterschieden sind, daß auch die Betriebsvertretung hier für die Partei auftreten kann, im Berufungsverfahren aber nur, wenn sie die Klage erhoben hatte, daß die Revision hier ausgeschlossen ist, daß die Kosten bei Abweisung der Klage außer Ansatz bleiben, wenn die Klage von der Betriebsvertretung erhoben war, und daß hier Sondervorschriften bezüglich der Erteilung einer vollstreckbaren Ausfertigung des Urteils bestehen, § 2 Nr. 4, 10, 63, 71; vgl. unten S. 25 Anm. 1 und 2 und S. 26.

[4]) Ähnlich BAUMBACH, Anm. 20 gegen DERSCH-VOLKMAR. Eine gewisse Parallele dürfte das „vermöge des Dienstverhältnisses Zugänglichwerden" von Geschäftsgeheimnissen im unlaut. Wettbewerbs-Ges. § 17 bilden.

α) Erfinderstreitigkeiten verbleiben den ordentlichen Gerichten, soweit der Streit nicht nur die Höhe der Vergütung betrifft (Näheres S. 20/21).

β) Arbeitsstreitigkeiten der Schiffsbesatzung in der Seeschiffahrt (§ 481 HGB.) verbleiben den Seemannsämtern bzw. ordentlichen Gerichten.

γ) Streitigkeiten über Werkswohnungen verbleiben nach § 7 Mieterschutz-Ges. den Mietsschöffengerichten[1]).

2. Von den Verbandstreitigkeiten[2]) (§ 2 Abs. I Nr. 1) fallen unter die Arbeitsgerichtsbarkeit zwar wiederum alle Vertragsstreitigkeiten (a), dagegen Streitigkeiten aus unerlaubter Handlung nur in beschränkterem Umfang (b), während endlich innere Verbandstreitigkeiten überhaupt ausgeschlossen sind (c).

a) Vertragsstreitigkeiten sind hier solche aus Tarifverträgen, und zwar sowohl Streitigkeiten zwischen den beiden Tarifparteien selbst wie zwischen einer Tarifpartei und einem Dritten, und betreffen einerseits Streitigkeiten über Bestehen oder Nichtbestehen von Tarifverträgen, andererseits Streitigkeiten aus dem Tarifvertrag[3]), d. h. über die auf dem verpflichtenden Teil des Tarifvertrages beruhenden Rechte und Pflichten einer Tarifpartei oder eines aus einer Tarifbestimmung zugunsten Dritter berechtigten einzelnen Arbeitgebers und Arbeitnehmers.

b) Streitigkeiten aus unerlaubter Handlung fallen zwar ebenfalls unter die Arbeitsgerichtsbarkeit, und zwar sowohl dann, wenn zwei tarifvertragsfähige[4]) Parteien miteinander streiten, wie wenn eine solche Partei mit einem Dritten im Streit steht. Hier genügt aber nicht jeder beliebige Zusammenhang zwischen der unerlaubten Handlung und dem Arbeits- oder Tarifverhältnis, sondern die Arbeitsgerichtsbarkeit ist hier auf diejenigen Fälle unerlaubter Handlungen beschränkt, bei denen es sich entweder um Maßnahmen zu Zwecken des Arbeitskampfes oder um Fragen der Vereinigungsfreiheit handelt.

c) Dagegen gehören innere Verbandstreitigkeiten, insbesondere über Zahlung von Mitgliederbeiträgen, Strafen bzw. Ausschluß aus dem Verband, nicht vor die Arbeitsgerichte, sondern verbleiben den ordentlichen Gerichten.

3. Von den Gruppenstreitigkeiten (§ 2 Abs. 1 Nr. 3) fallen nur die Streitigkeiten von Arbeitnehmern untereinander unter die Arbeitsgerichtsbarkeit, während Streitigkeiten von Arbeitgebern untereinander (z. B. aus §§ 125, 127g Abs. 2 GewO.) den ordentlichen Gerichten verbleiben. Die zwischen Arbeitnehmern bestehenden, unter die Arbeitsgerichtsbarkeit fallenden Streitsachen beruhen wiederum teils auf Vertrag (a), teils auf unerlaubter Handlung (b).

a) Vertragsstreitigkeiten sind hier Streitigkeiten der Arbeitnehmer „aus gemeinsamer Arbeit", also aus sogenanntem Gruppen- oder Kolonnenakkord (S. 73)[5]), bei denen einer Mehrheit von Arbeitsversprechen ein einheitliches Lohnversprechen gegenübersteht und die Verteilung dieses Lohnes unter die Gruppenmitglieder diesen untereinander oder dem Kolonnenführer zusteht.

b) Streitigkeiten aus unerlaubter Handlung fallen wiederum nur dann unter die Arbeitsgerichtsbarkeit, soweit solche Streitigkeiten von Arbeitnehmern untereinander mit dem Arbeits- oder Lehrverhältnis in Zusammenhang stehen. Über diesen Begriff vgl. oben S. 7.

---

[1]) So mit Recht Dersch-Volkmar, Anm. 12c.

[2]) Verfahrensrechtlich sind die Verbandstreitigkeiten dadurch ausgezeichnet, daß hier das Arbeitsgericht sowohl in erster wie in zweiter Instanz mit je 2 Beisitzern der Arbeitgeber und Arbeitnehmer zu besetzen ist.

[3]) Ob Streitigkeiten aus Tarifverträgen überhaupt bürgerliche Rechtsstreitigkeiten sind, ist zweifelhaft, doch waren sie auch schon bisher mindestens kraft Übung im ordentlichen Rechtsweg auszutragen. Das gilt für die Erfüllung sämtlicher Tarifpflichten, insbes. auch für die Beschickung einer Schlichtungsstelle; unrichtig RG. 30. 11 1923 (NZfA. 1924, Sp. 306).

[4]) D. h. tariffähige und tarifberechtigte Parteien.

[5]) Vgl. dazu die Vorträge von Grote, Bache und Clausnitzer bei Kaskel, Der Akkordlohn (Berlin: Julius Springer 1927).

B. Die öffentlichrechtlichen Betriebsstreitigkeiten, die unter die Arbeitsgerichtsbarkeit fallen (§ 2 Abs. I Nr. 5), sind ihrem Wesen nach verwaltungsrechtliche Streitigkeiten, bei denen es sich um die Durchführung der öffentlichrechtlichen Betriebsverfassung handelt (oben S. 2). Die hierher gehörigen Fälle sind einerseits bestimmt aufgezählte Einzelfälle (1) und andererseits der Gesamtbereich der eigentlichen Betriebsstreitigkeiten (2).

1. Die Einzelfälle betreffen Absetzung und Auflösung von Betriebsvertretungen, Berufung einer vorläufigen Betriebsvertretung, Bildung und Auflösung gemeinsamer Betriebsvertretungen, Festsetzung von Strafen, Einsprüche gegen Einstellung (kommt praktisch nicht vor) und Ersatzzustimmung bei Kündigung. Insoweit nähert sich das Arbeitsgericht formell vielfach einem Disziplinargericht, seine Tätigkeit ihrem Gegenstande nach der einer Aufsichtsbehörde gegenüber dem Inhaber eines im Rahmen der Selbstverwaltung bestehenden öffentlichen Amtes.

2. Darüber hinaus gehören hierher aber auch alle Streitigkeiten über „die Errichtung, Zusammensetzung und Tätigkeit von Betriebsvertretungen und aus Wahlen zu ihnen", d. h. die Gesamtheit der Betriebsstreitigkeiten, wie sie zwischen Betriebsinhaber und Betriebsvertretung im Rahmen der gesetzlichen Betriebsverfassung entstehen[1]). Da nun die „Tätigkeit" der Betriebsvertretungen auch den Abschluß von Betriebsvereinbarungen umfaßt, andererseits die Betriebsvertretungen bzw. Belegschaften vor den Arbeitsgerichten eine eigene Parteifähigkeit erhalten haben (vgl. unten), so sind damit die Arbeitsgerichte zugleich zur Entscheidung aller Streitigkeiten aus dem verpflichtenden Teil einer Betriebsvereinbarung berufen (z. B. über Beschaffung und Einrichtung von Räumen, einer Schreibkraft, Bibliothek usw.), so daß die Lücke, die bisher in der Verfolgbarkeit dieser Ansprüche bestand (S. 27), damit nunmehr geschlossen wird. Über die Vollstreckbarkeit vgl. unten S. 34.

II. Die fakultative Arbeitsgerichtsbarkeit, also der Kreis der Streitsachen, die über die obligatorische Arbeitsgerichtsbarkeit hinaus kraft Parteiwillens den Arbeitsgerichten freiwillig überwiesen werden können, ist gesetzlich auf zwei Fälle beschränkt, in denen allein eine solche Erweiterung des gesetzlichen Umfanges der Arbeitsgerichtsbarkeit zulässig ist (§ 3). Einmal ist nämlich eine solche Erweiterung hinsichtlich solcher Streitsachen zulässig, die zwar ihrem eigenen Gegenstand nach nicht zu den besonderen Arbeitssachen gehören, aber mit diesen im Zusammenhang stehen; hier besteht für den Kläger bzw. Widerkläger ein Wahlrecht, ob er eine solche Streitsache bei dem ordentlichen Gericht oder Arbeitsgericht anhängig machen will (A). Und andererseits besteht die Möglichkeit der Erweiterung der Arbeitsgerichtsbarkeit auf Streitsachen zwischen juristischen Personen des Privatrechts und ihren gesetzlichen Vertretern, also zwischen Parteien, die nicht eigentlich Arbeitgeber und Arbeitnehmer sind, aber in einem ähnlichen Rechtsverhältnis zueinander stehen; hier bedarf aber die Anhängigmachung der Streitsache bei dem Arbeitsgericht einer besonderen Vereinbarung, also der Zustimmung des Beklagten (B).

A. Kraft Zusammenhanges besteht die Möglichkeit der Erweiterung der Arbeitsgerichtsbarkeit[2]) zwar sowohl für Klagen gegen Arbeitgeber oder Arbeitnehmer wie für Klagen von Arbeitgebern oder Arbeitnehmern gegen Dritte, aber nur dann, wenn dieser Zusammenhang bestimmter Art ist (1), wenn ferner die eigentlichen Arbeitssachen, mit denen die nicht arbeitsrechtlichen Streitsachen im Zusammenhang stehen, bestimmte Voraussetzungen erfüllen (2), und wenn endlich nicht gewisse Ausnahmen vorliegen (3).

---

[1]) Diese weite Auslegung bezüglich des Umfanges der Arbeitsgerichtsbarkeit in Verwaltungssachen im Gegensatz zu der engen Auslegung in bürgerlichen Rechtsstreitigkeiten ist dadurch bedingt, daß der „Elastizität" der ordentlichen Gerichtsbarkeit in bürgerlichen Rechtsstreitigkeiten eine entsprechende Einrichtung bei Verwaltungsstreitigkeiten nicht parallel geht (vgl. oben S. 3 Anm. 1.).

[2]) Hierzu Erdel, Arbeitsgericht 1927, S. 145ff., mit zahlreichen Beispielen.

1. Seiner Art nach muß der Zusammenhang entweder ein rechtlicher (a) oder ein unmittelbarer wirtschaftlicher sein (b).

a) Ein rechtlicher Zusammenhang ist (unter Beachtung der Rechtsprechung zu § 147 ZPO.) dann vorhanden, wenn die Ansprüche auf dem gleichen Rechtsverhältnis beruhen oder Rechtsfolgen des gleichen Tatbestandes sind, wobei es aber genügt, wenn verschiedene Tatbestände in einem Bedingungsverhältnis zueinander stehen oder eine wirtschaftliche Einheit bilden.

b) Ein unmittelbarer wirtschaftlicher Zusammenhang (juristisch unbrauchbarer Begriff!) liegt vor, wenn beide Ansprüche auf dem gleichen wirtschaftlichen Verhältnis beruhen oder wirtschaftliche Folgen des gleichen Tatbestandes sind, wobei das Wirtschaftsverhältnis oder der wirtschaftliche Tatbestand nicht nur ein beliebiges und entferntes Glied in der Kausalreihe für die Entstehung des nichtarbeitsrechtlichen Anspruchs bilden darf, sondern die ausschlaggebende, wirksamste, wesentliche Bedingung für diesen sein muß[1]).

2. Die Voraussetzungen, welche die eigentlichen Arbeitssachen erfüllen müssen, um die damit zusammenhängenden nichtarbeitsrechtlichen Sachen vor die Arbeitsgerichte bringen zu können, sind zweifacher Art, es darf sich nämlich einmal materiell nur um eine der drei Gruppen bürgerlichrechtlicher Streitigkeiten handeln, die unter die Arbeitsgerichtsbarkeit fallen, während ein Zusammenhang mit einer öffentlichrechtlichen Betriebsstreitigkeit niemals genügt, und es muß andererseits prozessual diese Arbeitsstreitigkeit bereits bei einem Arbeitsgericht anhängig sein oder doch wenigstens dort gleichzeitig mit der nicht arbeitsrechtlichen Streitsache anhängig gemacht werden[2]).

3. Ausnahmsweise ist eine Erweiterung der Arbeitsgerichtsbarkeit aber auch trotz eines solchen Zusammenhanges und trotz Erfüllung der genannten Voraussetzungen unzulässig, nämlich einmal, wenn für die nichtarbeitsrechtlichen Streitigkeiten eine ausschließliche Zuständigkeit eines bestimmten Gerichts besteht (z. B. für Liegenschaftsstreitigkeiten), oder aber, wenn es sich um eine derjenigen Streitsachen handelt, die von der gesetzlichen Arbeitsgerichtsbarkeit ausgenommen sind (Erfinderstreitigkeiten, Schiffsbesatzungsstreitigkeiten, vgl. oben S. 7/8), und die daher auch nicht auf dem Umwege einer fakultativen Gerichtsbarkeit kraft Zusammenhanges vor die Arbeitsgerichte gebracht werden können.

B. Eine Erweiterung der Arbeitsgerichtsbarkeit kraft Vereinbarung gibt es grundsätzlich nicht. Die Parteien können also die Gerichtsbarkeit eines Arbeitsgerichts in der Regel nicht im Wege der Prorogation dadurch begründen, daß sie eine Streitsache, die nicht zu den Arbeitssachen gehört, trotzdem übereinstimmend dort anhängig zu machen wünschen. Von diesem Grundsatz gibt es nur eine einzige Ausnahme, nämlich für Streitigkeiten zwischen juristischen Personen[3]) des Privatrechts (nicht auch des öffentlichen Rechts) und ihren gesetzlichen Vertretern (§ 3 Abs. II), also z. B. für Gehaltsklagen eines Vorstandsmitgliedes einer Aktiengesellschaft gegen diese[4]). Diese gesetzlichen Vertreter sind keine Arbeitnehmer (§ 5 Abs. II), denn sie stehen zur juristischen Person nicht in einem Angestelltenverhältnis, sondern in einem Organschaftsverhältnis. Ihre Streitigkeiten fallen daher kraft Gesetzes an sich nicht unter die Arbeitsgerichtsbarkeit; sie sollen aber, da es sich

[1]) Ähnlich Dersch-Volkmar, Anm. 9 zu § 3. Als Beispiele eines solchen wirtschaftlichen Zusammenhanges bezeichnet Baumbach Mietsklage gegen Portier und Lohnklage, als Beispiel fehlenden Zusammenhanges Schwängerungsklage gegen Dienstherrn und Lohnklage.

[2]) Die gleichzeitige Anhängigkeit erfordert, daß der Hauptprozeß noch in der ersten Instanz und nicht schon in der Berufungsinstanz schwebt, soweit nicht dort Klageerweiterung erfolgt. Dersch-Volkmar, Anm. 7 zu § 3. A. M. Erdel, a. a. O., S. 150. Spätere Rücknahme der arbeitsrechtlichen Klage hebt die einmal begründete Arbeitsgerichtsbarkeit nicht auf. Schmincke-Sell, Anm. 7 zu § 3, Bewer, Leipz. Zeitschr. 1925, S. 1109.

[3]) Dazu wird man hier auch nichtrechtsfähige Vereine zählen dürfen. Baumbach, Anm. 7 zu § 3.

[4]) Hierzu Erdel, Arbeitsgericht 1927, S. 118.

immerhin um ein arbeitsähnliches Verhältnis handelt, falls beide Parteien es wünschen, kraft Vereinbarung vor die Arbeitsgerichte gebracht werden können. Doch besteht auch für diesen Fall die fakultative Arbeitsgerichtsbarkeit nur unter einer doppelten Voraussetzung. Einmal bedarf es nämlich des Abschlusses einer bestimmten, eine solche Gerichtsbarkeit der Arbeitsgerichte begründenden Vereinbarung, d. h. der in irgendeiner Form gegebenen Zustimmung des Beklagten[1]). Und ferner muß es sich um eine bürgerlichrechtliche Arbeitsstreitigkeit handeln, d. h. um eine solche Streitigkeit, die, wenn die Parteien Arbeitgeber und Arbeitnehmer wären, unter die gesetzliche Arbeitsgerichtsbarkeit, und zwar unter die Zivilgerichtsbarkeit fallen würde.

III. Eine Beschränkung der Arbeitsgerichtsbarkeit im Wege der Vereinbarung ist nur teilweise zulässig, wobei die Fälle des vollen Ausschlusses der Arbeitsgerichtsbarkeit durch Schiedsvertrag (A), des Ausschlusses der Arbeitsgerichtsbarkeit nur hinsichtlich der Prüfung einzelner tatsächlicher Fragen durch Schiedsgutachtenvertrag (B), und des Ausschlusses der Arbeitsgerichtsbarkeit nur bezüglich des Güteverfahrens durch Gütevertrag (C) zu unterscheiden sind[2]).

A. Durch Schiedsvertrag wird die Arbeitsgerichtsbarkeit in vollem Umfang ausgeschlossen und durch eine Schiedsgerichtsbarkeit ersetzt (§ 91). Ein solcher Schiedsvertrag ist aber nur unter bestimmten Voraussetzungen zulässig (1), folgt insoweit allgemeinen Vertragsgrundsätzen (2) und begründet im arbeitsgerichtlichen Verfahren eine prozeßhindernde Einrede (3).

1. Die Zulässigkeit eines Schiedsvertrages ist einmal auf die drei Fälle der bürgerlichen Rechtsstreitigkeiten beschränkt, während für die öffentlichrechtlichen Betriebsstreitigkeiten ein Schiedsvertrag überhaupt ausgeschlossen ist. Aber auch für bürgerliche Rechtsstreitigkeiten bestehen Beschränkungen, wobei zu unterscheiden ist, ob der Schiedsvertag allgemein durch Tarifvertrag für die tariflich geregelten Einzelarbeitsverträge oder ob er für bestimmte einzelne Streitsachen abgeschlossen wird.

a) Wird der Schiedsvertrag allgemein durch Tarifvertrag (bzw. in einem Nachtrag dazu) für Streitigkeiten aus den tariflich geregelten Einzelarbeitsverhältnissen geschlossen, so ist er für alle Arten bürgerlicher Arbeitsstreitigkeiten, also Dienststreitigkeiten, Verbandstreitigkeiten und Gruppenstreitigkeiten, unbeschränkt zulässig.

b) Wird der Schiedsvertrag dagegen für bestimmte einzelne Streitsachen abgeschlossen, so ist zu unterscheiden, ob es sich um Dienststreitigkeiten, Verbandstreitigkeiten oder Gruppenstreitigkeiten handelt:

α) Für Dienststreitigkeiten, also Streitigkeiten zwischen dem einzelnen Arbeitgeber und seinen Arbeitnehmern, sind Schiedsverträge für Arbeiter überhaupt ausgeschlossen, für Angestellte insoweit zulässig, als ihr Einkommen die Versicherungsgrenze der Angestelltenversicherung (z. Z. 6000 M.) überschreitet und es sich auch in diesem Fall nicht um Entlassungsstreitigkeiten auf Grund der §§ 86, 87 BRG. handelt[3]). Eine Schiedsgerichtsbarkeit für Streitigkeiten aus dem Einzelarbeitsvertrag oder damit zusammenhängender unerlaubter Handlung ist also, abgesehen von diesen wenigen Ausnahmefällen, überhaupt nur auf Grund tariflicher Regelung zulässig.

β) Für Verbandstreitigkeiten ist dagegen ein Schiedsvertrag in vollem

[1]) Würde trotzdem die Sache bei den ordentlichen Gerichten anhängig gemacht, so stände die prozeßhindernde Einrede der Unzulässigkeit des Rechtsweges gemäß § 274 ZPO. entgegen.

[2]) Sell bei Kaskel, Hauptfragen des Tarifrechts, S. 200.

[3]) Entlassungsstreitigkeiten können also nur auf Grund tariflicher Schiedsabrede, nicht aber auf Grund einer Einzelvereinbarung vor ein Schiedsgericht kommen § 91 Abs. 2 Nr. 2. Ebenso Erdel, Schlichtungswesen 1927, S. 131, A. M. Fraenkel, Betriebsräte und Arbeitsgerichtsgesetz, S. 20. Da hier stets der Arbeitnehmer und nur er Partei ist, der Betriebsrat dagegen nur ein Klagrecht hat (unten S. 25, Anm. 1), so gilt die tarifliche Schiedsabrede auch für den Fall der Rechtsverfolgung durch den Betriebsrat (A. M. Fraenkel, a. a. O., S. 19/20).

Umfang zugelassen, und zwar ohne Unterschied, ob diese Streitigkeiten auf Vertrag oder unerlaubter Handlung beruhen.

γ) Für Gruppenstreitigkeiten endlich ist jeder Schiedsvertrag unzulässig, hier ist eine Schiedsgerichtsbarkeit also nur kraft tariflicher Regelung möglich.

2. Ein solcher Schiedsvertrag folgt den allgemeinen Vertragsgrundsätzen:

a) Soweit er allgemein auf Grund tariflicher Regelung für die Einzelarbeitsverhältnisse besteht, gehört er zum normativen Teil des Tarifvertrages, fällt unter die Unabdingbarkeit und wird demgemäß notwendig zum Inhalt und Bestandteil der tariflich geregelten Einzelarbeitsverträge[1]). Eine Ausnahme von diesem Grundsatz gilt jedoch für Außenseiter, bei denen die tarifliche Bindung lediglich auf einer Allgemeinverbindlicherklärung beruht: die Allgemeinverbindlichkeit eines Tarifvertrags umfaßt nämlich nach ausdrücklicher gesetzlicher Vorschrift niemals eine tarifliche Schiedsabrede, eine solche Schiedsabrede ist vielmehr trotz ihrer Zugehörigkeit zum normativen Teil von der Allgemeinverbindlichkeit ausgenommen[2]).

b) Soweit ein Schiedsvertrag dagegen (durch Tarifvertrag oder Einzelvertrag) für bestimmte einzelne Streitsachen geschlossen wird, ist er ein gegenseitiger schuldrechtlicher Vertrag, der nach Maßgabe der Vorschriften der §§ 320ff. BGB. zu beurteilen ist.

c) Einer eigenen besonderen Form bedarf die Schiedsabrede als solche nicht, ihre Form richtet sich vielmehr nach der Form desjenigen (Einzel- oder Tarif-) Vertrages, in dem sie enthalten ist. Nur bedarf zur Klarstellung des Parteiwillens eine tarifliche Schiedsabrede für die tariflich geregelten Einzelarbeitsverhältnisse einer „ausdrücklichen Vereinbarung“ über den Ausschluß der Arbeitsgerichtsbarkeit[3]).

3. Die Wirkung eines solchen Schiedsvertrages ist der volle Ausschluß der gesetzlichen Arbeitsgerichtsbarkeit und ihr völliger Ersatz durch eine Schiedsgerichtsbarkeit. Der Schiedsvertrag begründet daher im arbeitsgerichtlichen Verfahren eine prozeßhindernde Einrede im Sinne des § 274 ZPO., die nur, soweit das vereinbarte Schiedsgericht versagt, in vier gesetzlich bestimmten Fällen entfällt, so daß dann das gesetzliche arbeitsgerichtliche Verfahren wieder Platz greift (§ 92 Abs. II).

B. Ein Schiedsgutachtenvertrag schließt gemäß § 106 die Arbeitsgerichtsbarkeit nicht in vollem Umfang aus, sondern nur bezüglich der Prüfung und Entscheidung einzelner bestimmter Tatfragen. Auch ein solcher Vertrag ist nur mit der gleichen Beschränkung zulässig wie ein voller Schiedsvertrag, doch besteht seine Wirkung lediglich darin, daß Prüfung und Beweiserhebung über die im Schiedsgutachtenvertrag genannten Tatsachen der Arbeitsgerichtsbarkeit entzogen wird, während im übrigen die gesetzliche Arbeitsgerichtsbarkeit im vollen Umfang weiter besteht und die Arbeitsgerichtsbehörden lediglich bezüglich dieser Tatfragen an den Inhalt des Schiedsgutachtens gebunden sind.

C. Ein Gütevertrag endlich entzieht der gesetzlichen Arbeitsgerichtsbarkeit nur das sonst hier vorgeschriebene Güteverfahren, das statt vor dem Arbeitsgericht vor einer vereinbarten Gütestelle stattfinden und dem arbeitsgerichtlichen Streitverfahren vorangehen soll. Insoweit begründet auch ein solcher Gütevertrag eine prozeßhindernde Einrede, die aber entfällt, wenn dem Arbeitsgericht eine Bescheinigung darüber vorgelegt wird, daß trotz Erscheinens des Klägers vor der Gütestelle eine Einigung nicht erreicht worden ist.

§ 3. Die Gerichte.

Während es bisher eine ganze Reihe von Arbeitsgerichten gab, neben denen, soweit ein besonderes Arbeitsgericht nicht bestand, die ordentlichen Gerichte im

[1]) A. M. Fraenkel, Betriebsräte und Arbeitsgerichtsgesetz, S. 24.

[2]) Hierzu Erdel, Schlichtungswesen 1927, S. 129ff.

[3]) Dies ist deshalb vorgeschrieben, weil Tarifverträge vielfach unklar gefaßt sind und nicht erkennen lassen, ob Schiedsgerichte oder Schlichtungsstellen gemeint sein sollen und ob im ersteren Fall das Schiedsgericht nur für Streitigkeiten der Tarifparteien oder der Verbandsmitglieder berufen sein soll. Vgl. Flatow bei Kaskel, Hauptfragen des Tarifrechts, S. 194.

Rahmen ihrer allgemeinen Gerichtsbarkeit auch die Gerichtsbarkeit in Arbeitssachen hanbhabten, sind nunmehr die ordentlichen Gerichte in Arbeitsstreitigkeiten grundsätzlich ausgeschlossen, fast alle bisherigen besonderen Arbeitsgerichte aufgehoben, und an ihrer Stelle neue allgemeine „Arbeitsgerichtsbehörden" eingerichtet, die in lückenloser Organisation das ganze Reich umspannen, und neben denen grundsätzlich nur noch Schiedsgerichte tätig werden. Die Hauptmasse der Gerichte in Arbeitssachen bilden daher diese neuen Arbeitsgerichtsbehörden (I), die immer dann tätig werden, soweit nicht (im Rahmen der hier gegenüber der ordentlichen Gerichtsbarkeit viel stärker beschränkten Zulässigkeit) kraft Vereinbarung Schiedsgerichte bestehen (II), während von sonstigen besonderen Arbeitsgerichten nur noch einige Überreste vorhanden sind (III), und die ordentlichen Gerichte in Arbeitssachen nur noch im Rahmen der allgemeinen Gerichtsbarkeit tätig werden können, hier aber vor allem kraft ihrer „Kompetenzkompetenz" die Grenzen der Arbeitsgerichtsbarkeit bestimmen (IV).

I. Die Arbeitsgerichtsbehörden sind Gerichtsbehörden, daher in ihrer rechtsprechenden Tätigkeit formell unabhängig und an keinerlei Weisungen gebunden, wenn auch ihren Mitgliedern nicht überall die gleichen materiellen Garantien hierfür wie den Mitgliedern der ordentlichen Gerichte zustehen (dort lebenslängliche Anstellung, hier genügt in der Unterstufe Bestellung auf nur jeweils ein Jahr!)[1]. Auch dürfen ihnen, ebenso wie den ordentlichen Gerichten, keinerlei Verwaltungsgeschäfte mit Ausnahme der Justizverwaltung übertragen werden (§ 15 Abs. II, 34 Abs. II). Sie sind in den ihnen zugewiesenen bürgerlichen Rechtsstreitigkeiten Sondergerichte, die insoweit die Gerichtsbarkeit der ordentlichen Gerichte ausschließen, in den Betriebsstreitigkeiten Verwaltungsgerichte. Im Gegensatz zu den Gewerbe- und Kaufmannsgerichten sind sie nicht Gerichte der Gemeinden, sondern des Staates, also Landes- bzw. Reichs-Gerichtsbehörden. Sie unterscheiden sich aber von den sonstigen staatlichen Gerichtsbehörden dadurch, daß einerseits neben den („federführenden") Behörden der Landes- bzw. Reichsjustizverwaltung auch die Behörden der Landes- bzw. Reichssozialverwaltung bei ihrer Organisation entscheidend mitzusprechen haben[2]), und daß andererseits auch den Berufsvereinen der Arbeitgeber und Arbeitnehmer eine gewisse Mitwirkung eingeräumt ist[3]).

Die Arbeitsgerichtsbehörden sind in allen Instanzen aus richterlichen Mitgliedern und aus Laienmitgliedern zusammengesetzt, die in „Kammern" bzw. „Senaten" gemeinsam tätig werden. Die richterlichen Mitglieder, die besondere Kenntnisse und Erfahrungen auf arbeitsrechtlichem und sozialem Gebiet haben sollen, werden (in der Unter- und Mittelstufe von Justiz- und Sozialverwaltung gemeinsam) staatlich bestellt. Die Laienmitglieder werden auf Grund von Präsentationslisten der Berufsvereine berufen, haben grundsätzlich gleiches Stimmrecht wie die richterlichen Mitglieder[4]) und werden im Falle der Bestechung strafrechtlich den sonstigen Richtern gleichgestellt, § 113. Die Arbeitsgerichtsbehörden sind einander zur Rechtshilfe verpflichtet, während die Amtsgerichte den Arbeitsgerichtsbehörden nur insoweit Rechtshilfe zu leisten haben, als sich am Sitz des Amtsgerichts kein

---

[1]) Dieser Mangel gehört zusammen mit der Bestimmung, daß jeder seinem ordentlichen Schlichter entzogen werden kann, zu den bedenklichsten Bestimmungen des neuen Arbeitsrechts. Vgl. auch S. 282/3.

[2]) Ihre Zustimmung ist erforderlich gemäß §§ 14 Abs. I, 15 Abs. I u. II, 17 Abs. I, 2, 3 und 4; 18 Abs. I, 32, 33 Abs. I, 34 Abs. I u. II, 35 Abs. 4, 36 Abs. 1, 41 Abs. 4. Mangels Einigung zwischen beiden Ressorts entscheidet in Preußen nach Art. 47 Abs. 3 Preuß.Verf. das Staatsministerium. Bei Berufung der Beisitzer sind sie „federführend".

[3]) Nämlich einerseits durch das Erfordernis ihrer vorherigen Anhörung, andererseits dadurch, daß sie die Beisitzerlisten aufzustellen haben. Vgl. im einzelnen §§ 14 Abs. 1, 15 Abs. 1, 17 Abs. 1, 2, 3 u. 4, 20 Abs. 1, 33 Abs. 1, 34 Abs. 1 Satz 2. NIEMANDT in der Zeitschrift Der Kaufmann in Wirtschaft und Recht 1927, S. 112.

[4]) Doch entscheiden die richterlichen Vorsitzenden in zahlreichen Fällen, vor allem im Beschwerdeverfahren, selbständig ohne Zuziehung der Laienbeisitzer, vgl. unten S. 31 und 33.

Arbeitsgericht befindet, § 13. Die Arbeitsgerichtsbehörden bestehen in dreistufigem Aufbau als Arbeitsgerichte (A), Landesarbeitsgerichte (B) und Reichsarbeitsgericht (C).

A. Die Arbeitsgerichte (§§ 14—32) bilden die unterste Stufe der Arbeitsgerichtsbehörden. Sie sind Gerichtsbehörden der Länder, und zwar im Gegensatz zu den Landesarbeitsgerichten und dem Reichsarbeitsgericht selbständige Gerichte, die organisatorisch von den ordentlichen Gerichten völlig getrennt sind. Das Gesetz regelt ihre Errichtung (1), Zusammensetzung (2) und Zuständigkeit (3).

1. Hinsichtlich der Errichtung ist zu unterscheiden, von wem sie ausgeht (a), für welchen Bezirk sie erfolgt (b), und von welcher Stelle die allgemeine Verwaltung und Dienstaufsicht geführt wird (c).

a) Zuständig für die Errichtung ist zwar die Landesjustizverwaltung, also der Justizminister des einzelnen Landes, aber unter Mitwirkung einerseits des Sozialministers (Preußen: Minister für Handel und Gewerbe), andererseits der Berufsvereine. Diese Mitwirkung besteht bezüglich der Sozialverwaltung im Erfordernis der Zustimmung, bei den Berufsvereinen im Erfordernis ihrer Anhörung.

b) Als Bezirk ist im Regelfall der Bezirk eines Amtsgerichts genannt, aber ausdrücklich die Zusammenfassung mehrerer Amtsgerichtsbezirke oder Teile von ihnen oder mehrerer Länder, vor allem bei einem einheitlichen Wirtschaftsgebiet, zu nur einem Arbeitsgerichtsbezirk vorgesehen. Davon hat vor allem Preußen Gebrauch gemacht und bei 1004 Amtsgerichtsbezirken nur 227 Arbeitsgerichtsbezirke eingerichtet, während die süddeutschen Länder grundsätzlich für jeden Amtsgerichtsbezirk ein eigenes Arbeitsgericht errichtet haben. Insgesamt bestehen im Reich 526 Arbeitsgerichte. (Vgl. Anhang S. 37.)

c) Die Geschäfte der Verwaltung und Dienstaufsicht (vor allem Beschaffung des Personal- und Sachbedarfs) werden von der Landesjustizverwaltung im Einvernehmen mit der Sozialverwaltung geführt, wobei vor dem Erlaß allgemeiner Anordnungen, die nicht rein technischer Art sind, auch die Berufsvereine zu hören sind. Doch können die zuständigen Ministerien diese Aufgaben den nachgeordneten Dienststellen (Oberlandesgerichtspräsident, Landgerichtspräsident, Vorsitzender des Arbeitsgerichts) übertragen. Bei jedem Arbeitsgericht ist eine besondere Geschäftsstelle (Gerichtsschreiberei) einzurichten.

2. Die Zusammensetzung der Arbeitsgerichte beruht auf einer Vereinigung eines richterlichen Vorsitzenden (a) mit Beisitzern aus dem Kreise der Beteiligten (b) zu bestimmten Kammern (c).

a) Die Vorsitzenden[1]) und die stellvertretenden Vorsitzenden werden von der Landesjustizverwaltung im Einvernehmen mit der Sozialverwaltung bestellt und üben dieses Amt je nach dem Umfang der Beschäftigung des einzelnen Gerichts entweder im Hauptamt oder lediglich nebenamtlich aus[2]); soweit sie nicht bereits als Beamte vereidigt sind, werden sie vom Landgerichtspräsidenten eidlich verpflichtet. Sie sollen in der Regel ordentliche Richter sein[3]), müssen aber jedenfalls die Befähigung zum Richteramt haben (also z. B. auch Rechtsanwälte)[4]) und dürfen weder Arbeitgeber noch Arbeitnehmer sein. Sie werden auf mindestens ein Jahr und höchstens neun Jahre bestellt und können, soweit sie hauptamtlich tätig sind, nach mindestens dreijähriger Amtsdauer auf Lebenszeit bestellt werden. Aber auch soweit sie nicht auf Lebenszeit angestellt sind, haben sie während ihrer Amtsdauer nach Maßgabe des Landesrechts die Stellung richterlicher Beamter[5]) und sind während dieser Zeit nur unter denselben Voraussetzungen wie Richter absetzbar oder versetzbar.

---

[1]) Franke, Arbeitsgericht, 1927, S. 79ff.

[2]) Im ersteren Fall ist ihre Zustimmung zur Bestellung erforderlich, im letzten Fall dagegen nicht. Franke, a. a. O., S. 81/82.

[3]) D. h. Richter der ordentlichen Gerichtsbarkeit, Franke, a. a. O., S. 80.

[4]) Übergangsbestimmungen § 117.

[5]) Vor allem Unabhängigkeit und richterliches Disziplinarrecht.

b) Die Beisitzer heißen beim Arbeitsgericht Arbeitsrichter und bestehen je zur Hälfte aus Arbeitgebern und Arbeitnehmern. Ihr Amt ist ein Ehrenamt, das nur aus besonderen Gründen abgelehnt werden darf und in dessen Ausübung sie durch den Arbeitgeber bei Vermeidung von Strafe nicht gehindert werden dürfen. Sie werden vor ihrer ersten Dienstleistung vom Vorsitzenden eidlich verpflichtet, können von ihm wegen Säumnis in Ordnungsstrafe genommen werden und sind wegen grober Pflichtverletzung oder wegen Wegfalls der (zwingenden) Voraussetzungen ihrer Bestellung ihres Amtes zu entheben [1]).

Ihre Bestellung erfolgt, anders als im früheren Recht, nicht mehr durch Wahl, sondern durch Berufung:

α) Zuständig hierfür ist die höhere Verwaltungsbehörde (Preußen: Regierungspräsident) im Einvernehmen mit dem Landgerichtspräsidenten, und zwar aus Vorschlagslisten, die von den im Bezirk bestehenden Berufsvereinen, sowie bestimmten öffentlichen Körperschaften (Reich, Länder, Gemeinden, Gemeindeverbände), getrennt für Arbeiter und Angestellte, aufzustellen sind.

β) Voraussetzung der Berufung ist ein Alter von 25 Jahren, Reichsangehörigkeit, Besitz der bürgerlichen Ehrenrechte und unbeschränkte Vermögensverfügung (zwingend). Auch soll nur berufen werden, wer im Bezirk seit mindestens einem Jahr als Arbeitgeber oder Arbeitnehmer tätig ist. Wer als Arbeitgeber bzw. Arbeitnehmer anzusehen ist, wird besonders bestimmt, wobei vor allem Mitglieder und Angestellte von Berufsvereinen den Arbeitgebern bzw. Arbeitnehmern gleichgestellt werden.

γ) Die Dauer der Berufung beträgt 3 Jahre.

c) In den Kammern treten Vorsitzende und Beisitzer zur Verhandlung und Entscheidung der einzelnen Streitsachen zusammen (§§ 16 Abs. 2, 17, 30, 31).

α) Jede Kammer besteht aus dem Vorsitzenden und je einem Beisitzer der Arbeitgeber und Arbeitnehmer, in Verbandstreitigkeiten aus je zwei solchen Beisitzern.

β) Die Zahl derartiger Kammern wird grundsätzlich von der Landesjustizverwaltung im Einvernehmen mit der Sozialverwaltung und nach Anhörung der Berufsvereine nach freiem Ermessen bestimmt. Doch bestehen hiervon zwei Ausnahmen, indem einerseits entsprechend der ständischen Gliederung der Arbeitnehmer grundsätzlich getrennte Kammern für Arbeiter und Angestellte zu bilden sind, und andererseits gemäß der fachlichen Gliederung für Streitigkeiten des Handwerks besondere Kammern mit der Bezeichnung „Handwerksgerichte“ errichtet werden müssen, während im übrigen die Bildung besonderer ständischer [2]) oder Fachkammern [3]) dem freien Ermessen überlassen ist [4]).

γ) Die Verteilung der einzelnen Mitglieder auf die Kammern erfolgt vor Beginn des Geschäftsjahres durch die Vorsitzenden, mangels Einigung zwischen diesen durch den Landgerichtspräsidenten. Die Zuziehung der Beisitzer zu den einzelnen Sitzungen erfolgt nach der Reihenfolge einer Liste, die der Vorsitzende vor Beginn des Geschäftsjahres aufstellt, wobei, wenn mehr als eine Kammer besteht, ein Beisitzerausschuß [5]) mitzuwirken hat.

δ) Die Verteilung der Geschäfte auf die einzelnen Kammern erfolgt in gleicher Weise.

3. Die Zuständigkeit ist einerseits eine sachliche (a), andererseits eine örtliche (b).

---

[1]) Zuständig hierfür ist im ersten Fall eine besondere Kammer beim Landes-Arb.Ger., im zweiten Fall der Landgerichtspräsident allein, § 27.

[2]) Z. B. für Leitende Angestellte oder Heimarbeiter.

[3]) Z. B. für Landwirtschaft, Bergbau usw.

[4]) Bei Streit, welche von diesen Kammern im Einzelfall zur Entscheidung berufen ist, wird man § 48 entsprechend anwenden müssen. Sell, Arbeitsgericht 1927, S. 158, Schmincke-Sell, Anm. 4 zu § 17. Hat dagegen die falsche Kammer entschieden, so liegt weder der Fall der Unzuständigkeit noch der mangelnden Gerichtsbarkeit noch der lediglich irrigen Geschäftsverteilung, sondern der unrichtigen Besetzung des Gerichts vor, die nur im Wege der Nichtigkeitsklage gemäß § 79 angefochten werden kann.

[5]) Der Beisitzerausschuß (§ 29) ist bei jedem Arbeitsgericht mit mehr als einer Kammer von den Arbeitgeber- und Arbeitnehmer-Beisitzern in getrennter Wahl zu wählen, tagt unter Vorsitz des aufsichtführenden oder dienstältesten Vorsitzenden und muß vor bestimmten organisatorischen Maßnahmen gehört werden, darf auch den zuständigen Behörden Wünsche übermitteln.

a) Die sachliche Zuständigkeit ergibt sich daraus, daß die Arbeitsgerichte für sämtliche der Arbeitsgerichtsbarkeit unterliegenden besonderen Arbeitssachen immer die erste Instanz bilden.

b) Hinsichtlich der örtlichen Zuständigkeit ist das Urteilsverfahren vom Beschlußverfahren zu unterscheiden:

α) Im Urteilsverfahren bestimmt sich die örtliche Zuständigkeit nach den allgemeinen Grundsätzen des Zivilprozesses, wobei unter mehreren örtlich zuständigen Arbeitsgerichten der Kläger die Wahl hat[1]). Demgemäß kann auch die Zuständigkeit eines an sich örtlich unzuständigen Gerichts von den Parteien vereinbart werden[2]). Und solche Vereinbarungen können für Streitigkeiten aus tariflich geregelten Arbeitsverhältnissen oder aus Vorverhandlungen hierüber[3]) auch tariflich getroffen werden und gehen dann als zum normativen Teil gehörig in die Einzelarbeitsverträge über, sind aber nicht unabdingbar und können daher durch Einzelarbeitsvertrag abgeändert werden (§ 48).

β) Im Beschlußverfahren ist dasjenige Arbeitsgericht örtlich zuständig, in dessen Bezirk die Betriebsvertretung die Geschäfte führt oder führen soll, § 82.

B. Die Landesarbeitsgerichte (§§ 33—39) bilden die Mittelstufe der Arbeitsgerichtsbehörden. Auch sie sind Gerichtsbehörden der Länder. Im Gegensatz zu den Arbeitsgerichten sind sie aber nicht selbständige Gerichte, sondern lediglich besondere Einrichtungen bei den Landgerichten, denen sie organisatorisch angegliedert sind, ohne ihnen aber doch, wie das Reichsarbeitsgericht dem Reichsgericht, als bloßer Bestandteil völlig eingegliedert zu sein. So gelten auch bei ihnen hinsichtlich Errichtung (1), Zusammensetzung (2) und Zuständigkeit (3) besondere Bestimmungen:

1. Die Errichtung erfolgt hier nicht als selbständige Behörde, sondern bei einem Landgericht; doch braucht sie nicht an dessen Sitz zu geschehen, vielmehr kann das Landesarbeitsgericht auch als detachierte Abteilung des Landgerichts an einem anderen Ort innerhalb des Landgerichtsbezirks gebildet werden. Im übrigen gelten für Zuständigkeit, Bezirk und Dienstaufsicht im wesentlichen die gleichen Bestimmungen wie für die Arbeitsgerichte:

a) Zuständig für die Errichtung ist auch hier die Landesjustizverwaltung, die aber wiederum der doppelten Beschränkung der Zustimmung der Sozialverwaltung und der vorherigen Anhörung der Berufsvereine unterworfen ist.

b) Als Bezirk wird ebenfalls im Regelfall der Bezirk eines Landgerichts genannt, doch ist auch hier Zusammenfassung mehrerer Bezirke, Bezirksteile oder Länder zu einem einheitlichen Landesarbeitsgerichtsbezirk zulässig. In Preußen bestehen demgemäß bei 85 Landgerichtsbezirken nur 33 Landesarbeitsgerichtsbezirke, während in Süddeutschland beide sich wiederum in der Regel decken. Insgesamt bestehen im Reiche 81 Landesarbeitsgerichte. (Vgl. Anhang S. 37.)

c) Die Geschäfte der Verwaltung und Dienstaufsicht werden endlich auch hier von der Landesjustizverwaltung im Einvernehmen mit der Sozialverwaltung erledigt, wobei vor dem Erlaß allgemeiner Anordnungen die Berufsvereine zu hören sind, und die Ministerien diese Aufgabe den nachgeordneten Dienststellen übertragen können.

2. Die Zusammensetzung der Landesarbeitsgerichte beruht ebenfalls auf einer Vereinigung von richterlichen Vorsitzenden (a) mit Beisitzern aus dem Kreise der Beteiligten (b) zu bestimmten Kammern (c).

a) Die Vorsitzenden und stellvertretenden Vorsitzenden werden zwar auch hier von der Landesjustizverwaltung im Einvernehmen mit der Sozialverwaltung bestellt, jedoch nur aus den Direktoren oder sonstigen Mitgliedern des Landgerichts oder eines am Sitz des Landesarbeitsgerichts bestehenden Oberlandesgerichts, so daß also die richterlichen Mitglieder bei den Landesarbeitsgerichten stets ordent-

---

[1]) Vgl. Dersch-Volkmar, Anm. 6 zu § 2.

[2]) Hierzu Erdel, Arbeitsgericht 1927, S. 119ff.

[3]) Nur für diese, also nur für Dienststreitigkeiten und auch bei diesen mit Ausschluß der Streitigkeiten aus unerlaubter Handlung und der Entlassungsstreitigkeiten des BRG.

liche Richter sein müssen[1]). Auch erfolgt hier die Bestellung nicht nur auf bestimmte Zeit, sondern unter allen Umständen für die Dauer der Zugehörigkeit zum Landgericht oder Oberlandesgericht und kann nur mit Zustimmung des Berufenen widerrufen werden.

b) Die Beisitzer heißen bei den Landesarbeitsgerichten Landesarbeitsrichter; sie müssen das 30. Lebensjahr vollendet haben und sollen mindestens drei Jahre Beisitzer bei einer Arbeitsgerichtsbehörde gewesen sein[2]). Im übrigen gilt für sie das gleiche wie für die Arbeitsrichter.

c) Die Kammern stehen hier den Zivilkammern des Landgerichts gleich. § 35 Abs. 3:

α) Sie bestehen auch hier aus dem Vorsitzenden und je einem Beisitzer der Arbeitgeber und Arbeitnehmer, nur in Verbandstreitigkeiten aus je zwei solchen Beisitzern.

β) Ihre Zahl bestimmt die Landesjustizverwaltung im Einvernehmen mit der Sozialverwaltung, doch ist hier die Bildung ständischer oder fachlicher Sonderkammern dem freien Ermessen überlassen, also auch für Angestellte bzw. für das Handwerk gesetzlich nicht vorgeschrieben.

γ) Die Verteilung der einzelnen Mitglieder auf die Kammern erfolgt vor Beginn des Geschäftsjahres durch das Präsidium des Landgerichts, also den Präsidenten, die Direktoren und das älteste Mitglied (§ 64 Ger.Verf.Ges.), jedoch unter stimmberechtigter Mitwirkung aller Kammervorsitzenden des Landesarbeitsgerichts, auch soweit sie weder Direktoren noch älteste Mitglieder sind. Die Zuziehung der Beisitzer erfolgt auch hier nach der Reihenfolge einer entsprechend dem Verfahren bei den Arbeitsgerichten unter Mitwirkung eines Beisitzer-Ausschusses aufgestellten Liste.

δ) Auch die Verteilung der Geschäfte auf die einzelnen Kammern erfolgt in gleicher Weise.

3. Die Zuständigkeit ergibt sich in sachlicher Beziehung daraus, daß die Landesarbeitsgerichte die II. Instanz gegenüber den erstinstanzlichen Entscheidungen der Arbeitsgerichte bilden, in örtlicher Beziehung daraus, daß die Berufung bzw. Beschwerde jeweils an das dem Arbeitsgericht übergeordnete Landesarbeitsgericht geht. Die Möglichkeit, auf ein örtlich unzuständiges Gericht im Wege der Vereinbarung zu prorogieren, besteht hier weder durch Einzelvertrag noch durch Tarifvertrag.

C. Das Reichsarbeitsgericht[3]) (§§ 40—45) bildet die oberste Stufe der Arbeitsgerichtsbehörden. Es ist eine Gerichtsbehörde des Reiches, und zwar weder ein selbständiges Gericht, wie die Arbeitsgerichte, noch auch nur eine einem anderen Gericht angegliederte besondere Einrichtung dieses Gerichts, wie die Landesarbeitsgerichte, sondern das Reichsarbeitsgericht ist dem Reichsgericht als integrierender Bestandteil schlechthin eingegliedert, indem lediglich einzelne (anders zusammengesetzte) Senate unter dieser Bezeichnung als Oberste Instanz in Arbeitssachen tätig werden[4]). Dies kommt vor allem darin zum Ausdruck, daß die richterlichen Mitglieder dieser Senate nicht besonders berufen, sondern lediglich im Wege der inneren Geschäftsverteilung innerhalb des Reichsgerichts diesen Senaten zugewiesen werden, und daß ein Abweichen eines dieser Senate von der Rechtsprechung eines anderen (nicht arbeitsrechtlichen) Senats (bzw. umgekehrt) die Herbeiführung einer Plenarentscheidung in gleicher Weise erforderlich macht, wie bei anderen Senaten, nur daß in arbeitsrechtlichen Fragen bei derartigen Plenarentscheidungen je ein Beisitzer der Arbeitgeber und Arbeitnehmer aus jedem Senat mitwirkt § 45. Hier gibt es daher überhaupt keine besondere Errichtung (1). Besonderheiten bestehen hier vielmehr nur infolge der Mitwirkung von Laienbeisitzern bezüglich der Zusammensetzung (2), und auch die Zuständigkeit weist hier keine Besonderheiten auf (3).

---

[1]) Die Bestimmung des § 36 Abs. 2 Satz 2 bedeutet nur, daß geeignete Richter in das betreffende Landgericht oder Oberlandesgericht als dessen Mitglieder zu berufen sind, aber nicht etwa, daß Personen, die nicht Richter sind, an das Landesarbeitsgericht zu berufen wären. Ebenso VOLKMAR, Arbeitsgericht 1927, S. 151. Unrichtig FRIEDLÄNDER, Leipz. Zeitschr. 1927, S. 213, sowie SCHMINCKE-SELL, Anm. 3 zu § 36.

[2]) Bei der ersten Berufung nicht erforderlich, § 120.

[3]) BEWER, Zeitschr. für deutschen Zivilpr. 1926, S. 356ff.

[4]) A. M. SCHMINCKE-SELL, Anm. 1 zu § 40.

1. Die Errichtung des Reichsarbeitsgerichts bei dem Reichgericht besteht lediglich in der Schaffung von geschäftlichen Einrichtungen sowie in Vornahme der Personal- und Geschäftsverteilung, und nur die Zahl der arbeitsrechtlichen Senate wird vom Reichsjustizminister im Einvernehmen mit dem Reichsarbeitsminister bestimmt (vorläufig nur ein Senat), während die Berufsvereine hier nur bei der Auswahl der Beisitzer mitwirken.

2. Die Zusammensetzung der arbeitsrechtlichen Senate weicht dadurch gegenüber den sonstigen Senaten ab, daß auch sie zwar in der Besetzung von 5 Mitgliedern tätig werden, daß von diesen 5 Mitgliedern aber nur drei Mitglieder des Reichsgerichts sind, während die weiteren zwei Mitglieder dagegen Laien sind, indem zu den drei richterlichen Mitgliedern je ein Beisitzer der Arbeitgeber und Arbeitnehmer hinzutritt[1]), so daß hier zum erstenmal beim Reichsgericht eine Mitwirkung von Laien stattfindet. Diese Beisitzer heißen hier Reichsarbeitsrichter, müssen 35 Jahre alt sein, und sollen seit längerer Zeit im Deutschen Reich als Arbeitgeber oder Arbeitnehmer tätig gewesen sein.

Sie werden vom Reichsarbeitsminister im Einvernehmen mit dem Reichsjustizminister aus Vorschlagslisten berufen, die hier von den Spitzenverbänden der Berufsvereine und bestimmten öffentlichen Körperschaften aufgestellt werden. Ihre Amtszeit beträgt 3 Jahre. Ihre Amtsenthebung erfolgt durch den Präsidenten des Reichsgerichts. Im übrigen gelten auch für sie die gleichen Vorschriften wie für die Beisitzer an den übrigen Arbeitsgerichtsbehörden. Doch gibt es hier keinen Beisitzer-Ausschuß; es werden vielmehr nur je 2 Beisitzer der Arbeitgeber und Arbeitnehmer (vor der durch das Präsidium erfolgenden Verteilung der Beisitzer und Geschäfte auf die einzelnen Senate) gehört.

3. Die Zuständigkeit ergibt sich daraus, daß das Reichsarbeitsgericht in allen Fällen immer nur die oberste Instanz ist, und zwar in der Regel gegenüber den in zweiter Instanz ergangenen Entscheidungen der Landesarbeitsgerichte, ausnahmsweise (bei Zulassung der Sprungrevision bzw. Rechtsbeschwerde in Reichsbetrieben vgl. unten S. 32 bzw. 34) gegenüber den Entscheidungen der Arbeitsgerichte. Eine Prorogation kommt hier nur insoweit in Betracht, als die Zulässigkeit der Sprungrevision in der Regel von der Zustimmung der anderen Partei abhängig ist.

II. Schiedsgerichte[2]) beruhen, soweit sie in Arbeitssachen überhaupt zugelassen werden (oben S. 11), auf einzelvertraglicher oder tariflicher Vereinbarung.

A. Ihrem Wesen nach sind die Schiedsgerichte daher, auch soweit diese Vereinbarung als öffentlichrechtlich anzusehen ist, zwar echte Gerichte, aber nicht staatliche Gerichte, sondern Einrichtungen des Privatrechts, die auch im Fall der tariflichen Errichtung keine öffentlichen Behörden sind[3]), sondern auf autonomer Rechtsvereinbarung beruhende gemeinsame Organe der insoweit mit Selbstverwaltung ausgestatteten Verbände. Sie treten an die Stelle der Arbeitsgerichte, deren Gerichtsbarkeit sie ausschließen oder beschränken (oben S. 12), und sind von den tariflichen Schlichtungsstellen zu unterscheiden, die nicht an Stelle der staatlichen Gerichte, sondern der staatlichen Schlichtungsstellen treten und deren Kompetenz ausschließen[4]). Soweit beide Einrichtungen in derselben Tarifbestimmung oder womöglich als einheitliche Stelle mit beiden Aufgaben geschaffen werden, ist daher stets eine begriffliche Unterscheidung notwendig, wobei zu beachten ist, daß die Errichtung tariflicher Schiedsgerichte zum normativen Teil[5]), die Errichtung tariflicher Schlichtungsstellen zum verpflichtenden Teil des Tarifvertrages gehört.

B. Die Errichtung, Zusammensetzung und Zuständigkeit der Schiedsgerichte ist grundsätzlich durch Vereinbarung zu regeln. Doch hat das

[1]) Auch in Verbandstreitigkeiten wirkt hier im Gegensatz zum Arbeitsgericht und Landesarbeitsgericht nur je ein Beisitzer der Arbeitgeber und Arbeitnehmer mit.

[2]) Sell bei Kaskel, Hauptfragen des Tarifrechts, S. 200.

[3]) So zu Unrecht RG. 30. 11. 1923 (NZfA. 1924, S. 306) bezüglich tariflicher Schlichtungsstellen.

[4]) Vgl. hierzu S. 287 sowie die Vorträge von Flatow und Sell über tarifliche Schiedsgerichte und Heinemann über tarifliche Schlichtungsstellen bei Kaskel, Hauptfragen des Tarifrechts, S. 194, 200 und 210.

[5]) Wegen des Ausschlusses von der Allgemeinverbindlichkeit vgl. oben S. 12.

Gesetz in § 93 hierfür einen gewissen Rahmen geschaffen, vor allem gewisse Mindestanforderungen gestellt, deren Nichtbeachtung zur Aufhebung des Schiedsspruchs führen würde § 100 (unten S. 36). Diese Anforderungen gelten auch dann, wenn das Schiedsgericht kraft Schiedsgutachtenvertrages oder Gütevertrages tätig wird §§ 102, 107.

Diese Anforderungen beschränken sich indessen auf zwei Grundsätze, nämlich auf die Notwendigkeit der Parität, also der Besetzung der Schiedsgerichte mit der gleichen Zahl von Arbeitgebern und Arbeitnehmern[1]), zu denen unparteiische Mitglieder treten können, aber nicht müssen[2]), und auf den Ausschluß von Personen, denen die bürgerlichen Ehrenrechte oder die Fähigkeit zur Bekleidung öffentlicher Ämter aberkannt ist.

III. Von den sonstigen besonderen Arbeitsgerichten sind die Gewerbegerichte einschließlich der rheinischen Gewerbegerichte, die Kaufmannsgerichte und die Berggewerbegerichte aufgehoben, womit auch der Gemeindevorsteher sein Amt als vorläufiges Arbeitsgericht verloren hat[3]). Übrig geblieben sind lediglich die Innungen (A), die Seemannsämter (B) und die Schwerbeschädigtenausschüsse (C), die demnach neben den eigentlichen Arbeitsgerichtsbehörden als weitere besondere Arbeitsgerichte für bestimmte Fälle fortbestehen.

A. Die Innung ist das besondere Arbeitsgericht für Streitigkeiten zwischen Innungsmitgliedern (Meistern) und ihren Lehrlingen aus dem Lehrverhältnis. Die Ausübung dieser Gerichtsbarkeit gehört nach wie vor zu den obligatorischen Aufgaben der Innung, die sie unter allen Umständen übernehmen muß, § 81a Nr. 4 Gew.O. Insoweit schließt die Gerichtsbarkeit der Innung die Gerichtbarkeit der Arbeitsgerichtsbehörden aus. Doch entscheidet in Abänderung des bisherigen Rechts gemäß § 111 nicht mehr ein von der Innung einseitig bestelltes und zusammengesetztes Organ, sondern ein paritätisch aus der gleichen Zahl von Arbeitgebern und Arbeitnehmern zusammengesetzter Ausschuß, dessen Beisitzer von Innungsversammlung bzw. Gesellenausschuß zu wählen sind. Nur soweit der hier gefällte Spruch nicht binnen einer Woche von beiden Parteien anerkannt wird, kann binnen zwei Wochen Klage beim zuständigen Arbeitsgericht erhoben werden. Auch bedürfen Vergleiche vor dem Ausschuß und Sprüche desselben zu ihrer Vollstreckung einer Vollstreckbarkeitserklärung des Vorsitzenden des Arbeitsgerichts.

B. Die Seemannsämter (S. 217) haben neben ihren polizeilichen und strafgerichtlichen Aufgaben auch die Obliegenheiten von Arbeitsgerichten in Streitigkeiten zwischen Kapitän und Schiffsmann. Doch ist ihre Zuständigkeit hier in der Regel nur eine vorläufige, also unter Vorbehalt des ordentlichen Rechtsweges[4]) (vgl. die allgemeinen Vorschriften der §§ 128ff. sowie die Einzelfälle der §§ 43, 57, 59. 61, 66, 69, 72, 73, 77, 78 SeemO.).

C. Die Schwerbeschädigtenausschüsse sind im Gegensatz zu den sonstigen Arbeitsgerichten ausschließlich Verwaltungsgerichte. Sie entscheiden nicht über Streitigkeiten zwischen den Arbeitgebern und ihren schwerbeschädigten Arbeitnehmern. Soweit solche Streitigkeiten aus den zwischen diesen Parteien (freiwillig oder zwangsweise, § 7 SchwerbeschG.) abgeschlossenen Arbeitsverträgen[5]) bestehen, sind vielmehr zur Entscheidung hierüber die allgemeinen Arbeitsgerichte zuständig, ohne daß die Eigenschaft des Arbeitnehmers als Schwerbeschädigter hierfür von Bedeutung ist. Die Schwerbeschädigtenausschüsse entscheiden vielmehr über die Er-

[1]) Dies gilt nicht, wenn das Schiedsgericht für einen bestimmten Einzelfall errichtet ist, ist auch bei Schiedsgutachtenvertrag und Gütevertrag nicht erforderlich.

[2]) Als Schiedsgericht kann auch eine diesen Vorschriften entsprechende Behörde oder Einrichtung vereinbart werden, bei der dann bei Wegfall eines Mitgliedes dessen bestimmungsmäßiger Vertreter an seine Stelle tritt, doch nach § 8 Abs. 1 VO. 29. 12. 1923 nicht der Schlichtungsausschuß. KG. 29. 3. 1924, NZfA. 1924, S. 637.

[3]) Ebenso sind aufgehoben die Innungsschiedsgerichte, die als fakultative Einrichtung der Innungen zur Entscheidung von Streitigkeiten zwischen Innungsmitgliedern und deren Gesellen und Gehilfen an Stelle der Gewerbegerichte errichtet werden konnten, sowie die arbeitsgerichtlichen Kammern der Schlichtungsausschüsse, die als „Ersatzarbeitsgerichte“ zur Entscheidung bestimmter, ursprünglich den Schlichtungsausschüssen zugewiesener Streitigkeiten, vor allem aus dem BRG., subsidiär für solche Bezirke vorgesehen waren, bei denen ein Gewerbe- oder Kaufmannsgericht nicht bestand (vgl. oben S. 6).

[4]) Endgültige Entscheidungen sind in den Fällen der §§ 21, 29, 58, 59, 79, 83 vorgesehen.

[5]) Dazu gehören auch die Streitigkeiten über Wiedereinstellung nach Arbeitskämpfen gemäß § 13 (S. 136), da es sich hier um eine Nachwirkung aus dem Arbeitsvertrage handelt, auf Grund dessen der Schwerbeschädigte einen lediglich privatrechtlichen Vertragsanspruch auf Wiedereinstellung hat. Wie hier Kaskel, Jur. Woch. 1925, S. 289; a. M. Landgericht Frankenthal das., Wölz, Gewerbe u. Kaufm.Ger., Bd. 29, Sp. 156 und Kröger, Jur. Woch. 1925, S. 1846.

füllung der besonderen öffentlichrechtlichen Verpflichtungen der Arbeitgeber aus dem Schwerbeschädigtengesetz (S. 67ff.). Auf die Erfüllung dieser Pflichten haben die Schwerbeschädigten aber keinen eigenen Rechtsanspruch (S. 67). Ein Streit hierüber kann daher auch nicht zwischen dem Arbeitgeber und dem Schwerbeschädigten ausgetragen werden. Vielmehr liegt die Durchführung dieser Pflichten aus dem Schwerbeschädigtengesetz den Hauptfürsorgestellen der Kriegsbeschädigten- und Kriegshinterbliebenenfürsorge ob (§ 11 Schwerbesch G.), welche die entsprechenden „Anordnungen und Entscheidungen" zu treffen haben. Gegen diese Anordnungen und Entscheidungen kann der Arbeitgeber aber Beschwerde einlegen und damit ein eigentliches Streitverfahren über Art und Umfang seiner Verpflichtungen herbeiführen, dessen Parteien dann einerseits der Arbeitgeber und andererseits die Hauptfürsorgestelle sind. Zur Entscheidung dieser Arbeitsstreitigkeiten aber sind die Schwerbeschädigtenausschüsse berufen (§§ 21—23 SchwerbeschG.)[1].

Derartige Schwerbeschädigtenausschüsse bestehen einmal bei jeder Hauptfürsorgestelle (1.), und andererseits bei der Reichsarbeitsverwaltung (2).

1. Die Schwerbeschädigtenausschüsse bei den Hauptfürsorgestellen werden bei diesen selbst oder als detachierte Ausschüsse außerhalb ihres Sitzes für eine Fürsorgestelle gebildet. Sie bestehen aus dem Leiter der Hauptfürsorgestelle oder dessen Vertreter als Vorsitzenden und 4 Beisitzern (2 schwerkriegsbeschädigte Arbeitnehmer, 2 Arbeitgeber[2]).

2. Der Schwerbeschädigtenausschuß bei der Reichsarbeitsverwaltung entscheidet nur über grundsätzliche Fragen. Seine Entscheidung kann in solchen Fragen vom Ausschuß der Hauptfürsorgestelle jederzeit nach freiem Ermessen angerufen werden. Die Anrufung muß aber unter Aussetzung der eigenen Entscheidung erfolgen, wenn der Vorsitzende oder wenigstens 3 Mitglieder es verlangen.

Der Schwerbeschädigtenausschuß bei der Reichsarbeitsverwaltung besteht aus dem Vorsitzenden und 10 Mitgliedern[3]).

IV. Die ordentlichen Gerichte, die früher eine mit den Gewerbe- und Kaufmannsgerichten konkurrierende Gerichtsbarkeit in Arbeitssachen besaßen und, abgesehen von den Streitigkeiten des BRG., immer dann tätig wurden, wenn Gewerbe- und Kaufmannsgerichte nicht bestanden, haben ihre Gerichtsbarkeit in Arbeitssachen nahezu völlig verloren. Sie haben hier nur noch soweit Bedeutung, als einmal von den eigentlichen Arbeitssachen des § 2 gewisse Reste ihnen ausschließlich verblieben sind (A), als sie ferner im Bereich der fakultativen Arbeitsgerichtsbarkeit des § 3 neben den Arbeitsgerichten tätig werden (B), und als es vor allem endlich im Streitfall ihnen obliegt, die Grenzen der Arbeitsgerichtsbarkeit zu bestimmen (C).

A. Eine ausschließliche Gerichtsbarkeit der ordentlichen Gerichte in den eigentlichen Arbeitssachen, soweit sie als bürgerliche Rechtsstreitigkeiten für die ordentlichen Gerichte überhaupt in Betracht kommen, also in Dienst-, Verband- und Gruppenstreitigkeiten, besteht nach § 2 Abs. 1 Nr. 2 lediglich für Erfinderstreitigkeiten, und zwar deshalb, weil hier besondere technische und fachmännische Kenntnisse erforderlich sind, die den Arbeitsgerichten fehlen, während bei den ordentlichen Gerichten für diese Streitigkeiten in der Regel besondere Kammern oder Senate gebildet sind. Diese Erfinderstreitigkeiten sollen darum unter allen Umständen den ordentlichen Gerichten verbleiben und nicht einmal kraft Zusammenhangs auf Grund fakultativer Gerichtsbarkeit vor die Arbeitsgerichte gebracht werden können § 3. Doch handelt es sich hierbei nur um die Streitigkeiten, „deren Gegenstand die Erfindung eines Arbeitnehmers bildet", während Streitigkeiten, bei denen es sich „nur um Ansprüche auf eine Vergütung oder Entschädigung handelt", vor die Arbeitsgerichte gehören, so daß also alle Erfinderansprüche vor den ordentlichen Gerichten, reine Vergütungsansprüche dagegen vor den Arbeitsgerichten auszutragen sind[4]).

---

[1]) Die Schwerbeschädigtenausschüsse haben ferner über das Erlöschen des Amtes als Vertrauensmann gemäß § 12 Abs. 6 (S. 256) und über die Entziehung der Schwerbeschädigteneigenschaft gemäß § 19 (S. 68) zu beschließen.

[2]) VO. vom 27. 10 23 Art. 21 Nr. VII.

[3]) Von ihnen müssen zwei die Befähigung zum Richteramt oder höheren Verwaltungsdienst haben und werden, ebenso wie der Vorsitzende, vom Reichsarbeitsminister ernannt. Im übrigen besteht er aus 2 schwerkriegsbeschädigten Arbeitnehmern, 2 Arbeitgebern, 1 Erwerbsbeschränkten, 1 Vertreter der Berufsgenossenschaften und 2 Vertretern der Hauptfürsorgestellen.

[4]) Eine sorgfältige Abgrenzung ist hier um so notwendiger, als die Gefahr widersprechender Entscheidungen vermieden werden muß, die hier um so größer ist, als die Einreichung einer

Im übrigen sind den ordentlichen Gerichten nur diejenigen Arbeitsstreitigkeiten verblieben, deren Gegenstand nicht die im § 2 genannten Arbeitssachen sind, diese aber in vollem Umfang. Dazu gehören vor allem die inneren Verbandstreitigkeiten zwischen Verbänden und ihren Mitgliedern über Erfüllung der Mitgliederpflichten bzw. die Folgen der Nichterfüllung (Beiträge, Strafen) sowie über Eintritt und Austritt.

B. Eine konkurrierende Gerichtsbarkeit der ordentlichen Gerichte neben den Arbeitsgerichten gibt es nur im Falle der erweiterten Arbeitsgerichtsbarkeit des § 3[1]). Aber auch von den beiden hierher gehörigen Fällen der Erweiterung kraft Zusammenhanges und kraft Vereinbarung scheidet der letztere Fall aus, weil je nachdem, ob eine solche Vereinbarung getroffen worden ist oder nicht, entweder eine ausschließliche Gerichtsbarkeit der Arbeitsgerichte oder eine ausschließliche Gerichtsbarkeit der ordentlichen Gerichte besteht. So bleibt als Fall konkurrierender Gerichtsbarkeit nur der Fall übrig, daß der Kläger kraft Zusammenhanges eine Streitsache vor die Arbeitsgerichte bringt, während der Beklagte den gleichen Fall (etwa im Wege einer negativen Feststellungsklage) vor dem ordentlichen Gericht anhängig macht. Hier ist indessen davon auszugehen, daß die Anhängigmachung einer Sache in dem einen Verfahren die Einrede der

---

Vergütungsklage beim Arbeitsgericht den Arbeitgeber nicht hindert, eine negative Feststellungsklage beim ordentlichen Gericht anzubringen. Darum geht es m. E. nicht an, das Arbeitsgericht als angebliche „Vorfragen" über reine Erfinderfragen entscheiden zu lassen, soweit die letzteren strittig sind. Die Lösung ergibt sich vielmehr daraus, daß das Arbeitsgericht nur über diejenigen strittigen Fragen entscheiden soll, bei denen es sich unstreitig um Leistungen gerade aus dem Arbeitsvertrag handelt. Daraus folgt, daß das Arbeitsgericht nur insoweit zur Entscheidung berufen ist, als auf Grund Erklärung der Gegenpartei oder rechtskräftiger Entscheidung des ordentlichen Gerichts feststeht, daß es sich um eine Diensterfindung handelt, bei der also die Erfindung in Erfüllung einer entsprechenden Verpflichtung aus dem Arbeitsvertrag gemacht wurde, indem die Dienststellung des Arbeitnehmers eine Erfindertätigkeit erfordert oder doch in der Regel mit sich bringt (S. 75). In diesem Fall hat das Arbeitsgericht die Frage zu entscheiden, ob der Erfinder nach Maßgabe des Arbeitsvertrages für die gemachte Erfindung eine Vergütung verlangen kann, und in welcher Höhe diese Vergütung geschuldet wird.

Die Frage dagegen, ob überhaupt eine solche Diensterfindung vorliegt, oder aber eine Betriebserfindung oder eine freie Erfindung, oder gar keine Erfindung, ist von den Arbeitsgerichten nicht zu entscheiden, und zwar auch nicht als Vorfrage. Ist vielmehr neben der Vergütung auch diese Frage strittig, so hat insoweit das Arbeitsgericht die Sache gemäß § 48 an das ordentliche Gericht zu verweisen und im übrigen auszusetzen, während umgekehrt das ordentliche Gericht, wenn zugleich mit einem Erfinderanspruch auch ein Vergütungsanspruch bei ihm anhängig gemacht wird, über den Vergütungsanspruch mitentscheiden kann, weil der Streit ja nicht „nur" Ansprüche auf Vergütung betrifft.

Auf diese Weise sind widersprechende Entscheidungen zwischen ordentlichem Gericht und Arbeitsgericht unmöglich, während die Ausführungen von Dersch-Volkmar, Anm. 17 zu § 2 in den meisten Fällen zu Doppelentscheidungen führen müssen, indem der Arbeitnehmer vor dem Arbeitsgericht eine Vergütung einklagt, der Arbeitgeber vor dem ordentlichen Gericht Feststellungsklage erhebt, daß keine Diensterfindung, sondern eine Betriebserfindung oder daß überhaupt keine Erfindung vorliegt (vgl. auch Baumbach, Anm. 21 zu § 2). Dabei will übrigens Dersch-Volkmar die Frage, ob überhaupt eine Erfindung vorliegt, dem Arbeitsgericht ebenfalls entziehen, und doch wohl auch als Vorfrage. Selbst das wäre aber nach seiner sonstigen Auffassung inkonsequent. Wie hier anscheinend Rademacher, Jur. Woch. 1927, S. 209/10 und Löwenfeld, Münchener Post Nr. 74 v. 31. 3. 1927, A. M. Aufhäuser-Nörpel, Anm. 2 zu § 2.

Freilich wird sich bisweilen erst aus dem Verhalten des Beklagten ergeben, daß nicht nur die Frage der Vergütung, sondern auch die Art der Erfindung oder überhaupt das Vorliegen einer Erfindung streitig ist. Eine analoge Anwendung der Rechtsprechung des Reichsgerichts darüber, daß die Zuständigkeit des Gerichts unberührt bleibt, wenn sie auf Grund der Klage begründet war und die Unzuständigkeit sich erst aus dem Vorbringen des Beklagten ergeben würde, kommt aber nicht in Frage (vgl. auch Baumbach, Anm. 11 C zu § 2). Denn abgesehen davon, daß es sich hier um Gerichtsbarkeit und nicht um Zuständigkeit handelt, hat doch hier das Gesetz selbst gerade diese Frage dem ordentlichen Gericht vorbehalten und dem Arbeitsgericht entziehen wollen, was in fast allen Fällen praktisch vereitelt würde, wenn das Arbeitsgericht über diese Frage als Vorfrage zu entscheiden hätte.

[1]) Dagegen bei der hier gegebenen Auslegung nicht auch im Fall der Erfinderstreitigkeiten.

Rechtshängigkeit (bzw. nach rechtskräftiger Entscheidung die Einrede der Rechtskraft) im anderen Verfahren begründet, wobei die zeitliche Priorität der Anhängigmachung entscheidet. War also die Sache zunächst vor dem Arbeitsgericht anhängig gemacht, so würde jeder späteren Anhängigmachung im ordentlichen Verfahren die Einrede der Rechtshängigkeit entgegenstehen und umgekehrt[1]).

In allen anderen Fällen steht die Gerichtsbarkeit der Arbeitsgerichte einerseits, die Gerichtsbarkeit der ordentlichen Gerichte andererseits im Verhältnis der Ausschließlichkeit in dem Sinne, daß, soweit die eine Gerichtsbarkeit besteht, die andere Gerichtsbarkeit völlig ausgeschlossen ist, und zwar sowohl für Klagen wie für Widerklagen. Und da die Gerichtsbarkeit kraft öffentlichen Rechts verteilt ist, so kann grundsätzlich auch durch Vereinbarung hieran nichts geändert werden. Weder kann daher kraft Vereinbarung eine vor die Arbeitsgerichte gehörende Streitsache vor die ordentlichen Gerichte gebracht werden, noch kann umgekehrt eine nicht vor die Arbeitsgerichte, sondern vor die ordentlichen Gerichte gehörige Sache kraft Vereinbarung vor die Arbeitsgerichte gebracht werden, hier jedoch mit der alleinigen Ausnahme der Streitigkeiten zwischen juristischen Personen und ihren gesetzlichen Vertretern nach § 3 Abs. 2 (oben S. 10).

C. Die Entscheidung, ob eine Sache unter die Arbeitsgerichtsbarkeit oder unter die ordentliche Gerichtsbarkeit fällt, ist daher wegen der Ausschließlichkeit der Gerichtsbarkeit von größter Bedeutung. Denn einmal wäre die Entscheidung eines Gerichts ohne Gerichtsbarkeit grundsätzlich ein rechtliches Nichts und ohne jede Rechtswirkung[2]), und andererseits muß vermieden werden, daß etwa beide Gerichte, ordentliches Gericht und Sondergericht, ihre Gerichtsbarkeit unabhängig voneinander bejahen oder verneinen und damit entweder die positive Gefahr widersprechender Gerichtsentscheidungen oder die negative Gefahr eines völlig versagenden Gerichtsschutzes heraufführen.

Dieser Gefahr wird in verschiedener Weise begegnet, je nachdem, ob ein Gericht seine Gerichtsbarkeit verneint (1) oder bejaht hat (2).

1. Hat ein Gericht seine Gerichtsbarkeit verneint, so ist gemäß § 48 diese Entscheidung im Verhältnis der ordentlichen Gerichte und Arbeitsgerichte untereinander für das andere Gericht bindend und kann demgemäß überhaupt nicht mehr nachgeprüft werden. Mit einer solchen negativen Entscheidung des einen Gerichts steht vielmehr die Gerichtsbarkeit des anderen Gerichts unanfechtbar positiv fest. Kann das örtlich und sachlich zuständige Gericht sofort bestimmt werden, so ist der Rechtsstreit gemäß § 276 ZPO. auf Antrag des Klägers auch sogleich an dieses Gericht zu verweisen.

2. Hat dagegen ein Gericht seine Gerichtsbarkeit bejaht, so kann der gleiche Grundsatz zwischen ordentlichen Gerichten und Arbeitsgerichten aber nicht insoweit gelten, als ein Arbeitsgericht nicht imstande sein kann, eine Sache der ordentlichen Gerichtsbarkeit endgültig zu entziehen, also etwa eine Ehe rechtswirksam zu scheiden. Hier muß deshalb zur Vermeidung einander endgültig widersprechender rechtskräftiger Entscheidungen eine Superiorität des einen Gerichts gegenüber dem anderen Gericht bestehen. Hierbei ist davon auszugehen, daß die ordentliche Gerichtsbarkeit alle Streitsachen umfaßt, die ihr nicht entzogen sind, die Sondergerichtsbarkeit der Arbeitsgerichte dagegen nur die Arbeitssachen, die ihr besonders übertragen sind. Auf Grund dieser „Elastizität" der ordentlichen Gerichtsbarkeit muß daher angenommen werden, daß die ordentlichen Gerichte auch darüber

[1]) Doch gilt das nur, soweit ein Zusammenhang im Sinne des Gesetzes (oben S. 10) auch wirklich besteht, also nicht etwa wenn eine Ehesache wegen angeblichen Zusammenhanges vor dem Arbeitsgericht anhängig gemacht wird. Soweit diese Frage des Zusammenhanges vom Arbeitsgericht und ordentl. Gericht verschieden beantwortet wird, vgl. unten zu C.

[2]) Im Gegensatz zu der Entscheidung eines bloß unzuständigen Gerichts, die nur mit Rechtsmitteln angegriffen werden kann, wenn sie aber rechtskräftig geworden ist, voll rechtswirksam ist, Lutz Richter, Leipz. Zeitschr. 20, S. 409.

wirksam zu entscheiden haben, ob eine Sache unter die Sondergerichtsbarkeit fällt oder nicht, während umgekehrt den Sondergerichten die Fähigkeit zu entsprechender bindender Entscheidung für die ordentlichen Gerichte nicht zusteht. Diese „Kompetenzkompetenz“ der ordentlichen Gerichte entspricht zugleich dem Grundsatz des § 17 GerVerfGes.[1]).

Hat daher zwar ein ordentliches Gericht rechtskräftig eine Streitsache entschieden, so muß die Entscheidung darüber, daß hier ein Fall der ordentlichen Gerichtsbarkeit und nicht der Arbeitsgerichtsbarkeit vorlag, auch für das Arbeitsgericht wirksam sein und kann überhaupt nicht mehr in Zweifel gezogen werden. Dagegen unterliegt umgekehrt die rechtskräftige Entscheidung eines Arbeitsgerichts insoweit der Nachprüfung durch die ordentlichen Gerichte, als es sich darum handelt, ob überhaupt eine Arbeitssache vorlag, die unter die besondere Gerichtsbarkeit der Arbeitsgerichte fällt[2]).

§ 4. Die Parteien.

Die Lehre von den Parteien im Verfahren vor den Arbeitsgerichten umfaßt einerseits die Frage, welche Personen überhaupt nach materiellem Recht als Parteien in Frage kommen und demgemäß der Arbeitsgerichtsbarkeit unterstehen (I), und andererseits welche Eigenschaften diese Personen nach formellem Verfahrensrecht besitzen müssen, um als Partei ein Verfahren vor den Arbeitsgerichten betreiben zu können (II).

I. Nach materiellem Recht kommen 5 Gruppen von Personen in Frage, die ein ihnen angeblich zustehendes Recht vor den Arbeitsgerichten als Kläger geltend machen können oder denen gegenüber als Beklagten ein angeblich bestehendes Recht geltend gemacht werden kann, nämlich einmal die einzelnen Arbeitgeber und Arbeitnehmer (A), ferner Berufsvereine als Parteien eines Tarifvertrages (B), sodann bestimmte dritte Personen, die weder Arbeitgeber oder Arbeitnehmer noch Tarifparteien sind (C), und endlich etwaige Rechtsnachfolger dieser Personen (D). Dazu treten in den öffentlichen Betriebsstreitigkeiten als „Beteiligte“, die hier an Stelle der Parteien treten (§§ 81 Abs. 2, 83, 84), die Belegschaften der Einzelbetriebe bzw. deren Vertretungen (E).

A. Arbeitgeber und Arbeitnehmer sind die Parteien des Einzelarbeitsvertrages oder bestimmter arbeitsähnlicher Verhältnisse. Kein Arbeitsverhältnis im Rechtssinne ist das Beamtenverhältnis[3]) sowie das Dienstverhältnis im Reichsheer oder der Reichsmarine (§ 5).

1. Arbeitnehmer[4]) als solche unterstehen der Arbeitsgerichtsbarkeit als Par-

[1]) Dies verkennen Dersch-Volkmar, Anm. 11 zu § 1. Wie hier Schmincke-Sell, Anm. 1a zu § 2, Baumbach, Anm. 4 D zu § 2.

[2]) Die Frage ist von größter praktischer Bedeutung einmal für Erfinderstreitigkeiten, ferner für den Begriff des Zusammenhanges und endlich vor allem für die „sonstigen arbeitnehmerähnlichen Personen“ des § 5 Abs. 1 (unten S. 24). Hier kann es nicht dem einzelnen Arbeitsgericht überlassen bleiben, zumal bei der hohen Berufungsgrenze, gegen den Protest des Beklagten Streitigkeiten aus allen möglichen Rechtsverhältnissen den ordentlichen Gerichten zu entziehen und einfach die Priorität der Klageerhebung oder gar (bei gleichzeitiger Klageerhebung) der Entscheidung für maßgebend zu erklären, zumal die Anhängigmachung einer Streitsache bei einem Gericht ohne Gerichtsbarkeit noch nicht einmal vor dem richtigen Gericht die Einrede der Rechtshängigkeit begründen würde. Es muß daher zur Vermeidung einander endgültig widersprechender Entscheidungen in der Frage der gegenständlichen Abgrenzung der Arbeitssachen von sonstigen Streitsachen (aber natürlich nur in dieser Frage) die Superiorität der einen Gerichte vor den anderen Gerichten anerkannt werden, und diese Entscheidung muß aus dem angeführten Grunde den ordentlichen Gerichten zufallen. Übereinstimmend Bewer, Zeitschrift für deutschen Zivilprozeß, 1926, S. 270, Hellwig, Lehrbuch des deutschen Zivilprozeßrechts (Leipzig 1903) Bd. 1, S. 88 u. 93.

[3]) Vgl. hierzu Friedrichs, Arbeitsgericht 1927, Sp. 39ff.

[4]) Dazu gehören, ohne Rücksicht auf die Höhe des Entgelts, alle berufsmäßig zur Leistung unselbständiger Lohnarbeit verpflichteten Personen, also auch Künstler und Artisten, soweit sie nicht Unternehmer sind. Bezüglich der Artisten vgl. Riese, AR. 1927, S. 265.

teien einerseits in Dienststreitigkeiten mit ihrem Arbeitgeber, andererseits in Gruppenstreitigkeiten mit anderen Arbeitnehmern. Arbeitnehmer sind entweder Arbeiter oder Angestellte oder Heimarbeiter oder sonstige arbeitnehmerähnliche Personen.

a) Über den Begriff des Arbeiters vgl. S. 32.

b) Über den Begriff des Angestellten vgl. S. 32. Zu den Angestellten gehören auch die leitenden Angestellten, die im Sinne des Arb.Ger.Ges. von den Angestellten nur dann unterschieden werden, wenn und soweit für sie besondere Kammern gebildet werden sollten (oben S. 15). Gesetzliche Vertreter juristischer Personen sind keine Angestellten im Rechtssinne, können aber eine fakultative Arbeitsgerichtsbarkeit nach § 3 vereinbaren (oben S. 10).

c) Über den Begriff des Heimarbeiters vgl. S. 34ff.

d) Arbeitnehmerähnliche Personen (unbrauchbarer Begriff!) sind Personen in entsprechender Stellung wie Heimarbeiter („Sonstige arbeitnehmerähnliche Personen"), die also einerseits mangels Abschlusses eines eigentlichen Arbeitsvertrages formell selbständig, aber wirtschaftlich von bestimmten Arbeitgebern abhängig sind, und andererseits kein eigenes Unternehmerrisiko tragen, also nicht für eigene Rechnung arbeiten, sondern eine feste Vergütung für bestimmte Leistungen (Akkordlohn) erhalten[1]).

2. Arbeitgeber als solche unterstehen der Arbeitsgerichtsbarkeit einerseits in Dienststreitigkeiten mit ihren Arbeitnehmern, andererseits in Verbandstreitigkeiten, soweit sie selbst als einzelne (und nicht ein Arbeitgeberverband) die Tarifpartei bilden, bzw. soweit es sich bei Streitigkeiten aus unerlaubter Handlung um Arbeitskampf oder Vereinigungsfreiheit handelt. Arbeitgeber ist, wer entweder Arbeitnehmer der genannten Art auf Grund eines Arbeitsvertrages (S. 47) beschäftigt oder Verlagsarbeit an Heimarbeiter oder sonstige arbeitnehmerähnliche Personen ausgibt. Bezüglich der Stellung der juristischen Personen gegenüber ihren gesetzlichen Vertretern vgl. oben S. 10.

B. Berufsvereine der Arbeitgeber oder Arbeitnehmer unterstehen ohne Rücksicht auf ihre Rechtsform (Verein, Verein ohne Rechtsfähigkeit, Gesellschaft) der Arbeitsgerichtsbarkeit in Verbandstreitigkeiten, soweit sie entweder Tarifparteien oder „tarifvertragsfähige Parteien", d. h. sowohl tariffähig wie tarifberechtigt sind.[2]) Dazu gehört auch die Fähigkeit zu sozialer Gegenspielerschaft, die dann nicht besteht, wenn der Verein irgendwie, vor allem durch Annahme geldlicher oder sonstiger Unterstützung, gegenüber der Gegenseite seine volle Selbständigkeit und Entschlußfreiheit aufgibt.

C. Dritte Personen, die weder Arbeitgeber noch Arbeitnehmer noch Berufsvereine sind, unterstehen der Arbeitsgerichtsbarkeit nur dann, wenn einerseits die Gegenpartei Arbeitgeber oder Arbeitnehmer oder Berufsverein ist, und andererseits entweder eine Verbandstreitigkeit den Streitgegenstand bildet oder ein Fall der erweiterten Gerichtsbarkeit kraft Zusammenhanges gemäß § 3 Abs. 1 vorliegt.

D. Rechtsnachfolger einer dieser Personen unterstehen der Arbeitsgerichtsbarkeit dann und insoweit, als ihre Rechtsvorgänger ihr unterstanden hätten, und

[1]) Daß der Begriff möglichst eng auszulegen ist, folgt daraus, daß kraft Gesetzes (§ 5 Abs. 2) nicht einmal die gesetzlichen Vertreter juristischer Personen als arbeitnehmerähnliche Personen angesehen werden. Man wird den Begriff daher in der Hauptsache auf das im Gesetz angeführte Beispiel des Zwischenmeisters beschränken müssen, der im Verhältnis zu seinem Auftraggeber dann hierher gehört, wenn er den überwiegenden Teil seines Verdienstes aus seiner eigenen Arbeit am Stück zieht. Auch ausschließlich gegen Provision tätige Versicherungsagenten und kaufmännische Vertreter mit ständigem Vertragsverhältnis zu bestimmten Einzelfirmen mögen unter Umständen hierhergehören. (Begündung S. 34), dagegen niemand, der selbständiger Unternehmer ist, vor allem nicht Handlungsagenten oder Mäkler, m. E. auch niemals selbständige Zeitungsberichterstatter. Bezüglich der Agenten vgl. insbesondere Volkmar, Arbeitsgericht 1927, S. 153ff.

[2]) Über diese Begriffe vgl. Kaskel, NZfA. 1926, S. 1ff. und die Vorträge von Nörpel und Fögen bei Kaskel, Hauptfragen des Tarifrechts S. 67u. 71 mit eingehenden Literaturangaben.

zwar ohne Unterschied, ob es sich um einen Fall der Universalsukzession, also vor allem Erbfall, oder um einen Fall der Singularsukzession, also vor allem Abtretung der Forderung, handelt. Auch besteht die Arbeitsgerichtsbarkeit natürlich dann, wenn der Rechtsstreit „durch eine Person geführt wird, die kraft Gesetzes an Stelle der ursprünglichen Partei hierzu befugt ist", also etwa durch Konkursverwalter, Testamentsvollstrecker usw. (§ 2 Abs. 2). Ob diese Rechtsnachfolge auf Arbeitgeber- oder Arbeitnehmerseite oder auf beiden Seiten besteht, ist unerheblich[1]).

E. Zu diesen Parteien in bürgerlichen Rechtsstreitigkeiten kommen endlich noch besondere Parteien in Betriebsstreitigkeiten, nämlich neben dem Betriebsinhaber einerseits die Belegschaft als solche, also die Arbeitnehmerschaft, Arbeiterschaft und Angestelltenschaft, vertreten durch ihre Betriebsvertretung (Betriebsrat, Gruppenrat, Sondervertretung, Betriebsobmann)[2]), und die einzelnen Mitglieder dieser Vertretungen, soweit ein Verfahren (z. B. auf Amtsenthebung) sich gerade gegen sie als Einzelne richtet.

II. Nach formellem Verfahrensrecht bedürfen diese Parteien aber auch noch bestimmter Eigenschaften (rechtlicher Fähigkeiten), um ein Verfahren vor den Arbeitsgerichten auch betreiben zu können. Diese Eigenschaften sind Parteifähigkeit (A), Prozeßfähigkeit (B) und Verhandlungsfähigkeit (C).

A. Die Parteifähigkeit, also die Fähigkeit, Partei (Kläger oder Beklagter) in einem Prozeß zu sein und die mit dieser Eigenschaft verbundenen Rechte überhaupt haben zu können (prozessuale Rechtsfähigkeit), ist im ordentlichen Prozeßverfahren an die Voraussetzung der Rechtsfähigkeit geknüpft und bezüglich der Vereine ohne Rechtsfähigkeit nur dahin erweitert, daß diese wenigstens die passive Parteifähigkeit besitzen, also zwar nicht klagen, wohl aber verklagt werden können. Für das Gebiet der Arbeitsgerichtsbarkeit wird die Parteifähigkeit darüber hinaus aber in doppelter Richtung erweitert (§ 10), nämlich einmal für die Berufsvereine (1) und andererseits für die Belegschaften (2).

1. Die Berufsvereine der Arbeitgeber und Arbeitnehmer haben im arbeitsgerichtlichen Verfahren, ohne Unterschied, ob sie durch Eintragung in das Vereinsregister die Rechtsfähigkeit erlangt haben oder nicht, die volle Parteifähigkeit, können also, auch soweit sie die Rechtsfähigkeit nicht besitzen, nicht nur als solche verklagt werden, sondern auch als solche Klage erheben. Dies ist um so wichtiger, als im Rahmen der Verbandstreitigkeiten alle Streitigkeiten aus Tarifverträgen, vor allem aus Tarifbruch, unter die Arbeitsgerichtsbarkeit fallen, so daß die Gewerkschaften, die im Gegensatz zu den Arbeitgeberverbänden bisher regelmäßig die Rechtsfähigkeit nicht erlangt haben, künftig in der Lage sind, solche Tarif-

[1]) Hierher gehört auch der Fall der Belegschaft, vertreten durch den Betriebsrat, in Entlassungsstreitigkeiten, da auch hier der materiell im Einspruchsverfahren geltend gemachte Rechtsanspruch dem gekündigten Arbeitnehmer selbst zusteht, während die Belegschaft, vertreten durch den Betriebsrat, lediglich ein prozessuales Betreibungsrecht hat (S. 124, vgl. auch oben S. 7, Anm. 3). Daher kann in solchen von der Belegschaft betriebenen Prozessen der entlassene Arbeitnehmer ebenso als Zeuge vernommen werden, wie in Prozessen, die vom Konkursverwalter oder Testamentsvollstrecker betrieben werden, der Kridar oder Erbe. Jedoch ist dies Recht der Betriebsvertretung in der Berufungsinstanz insofern beschränkt, als sie nur dann Berufung einlegen oder im Berufungsverfahren eintreten darf, wenn auch sie es gewesen war, die die Klage beim Arbeitsgericht erhoben hatte (§ 71). Wegen des Rechts des einzelnen entlassenen Arbeitnehmers zur Einlegung der Berufung vgl. unten S. 26, Anm. 1, wegen der Prozeßvertretung durch Verbandsvertreter S. 28, Anm. 1, zu dem ganzen Fragenkomplex Fraenkel, Betriebsräte und Arbeitsgerichtsbarkeit, S. 14, Raab, Schlichtungswesen 1927, S. 137, und Aufhäuser-Nörpel, Anm. zu § 63.

[2]) Durch die Bestimmung des § 10, daß in diesen Fällen die Belegschaft selbst die Partei ist und durch die Betriebsvertretung lediglich vertreten wird, hat die von mir begründete und vielfach umstrittene Lehre der juristischen Teilpersönlichkeit der Belegschaften (S. 242/43) ihre gesetzliche Anerkennung gefunden. Ebenso Dersch-Volkmar, Anm. 5 zu § 10. Die Klage ist namens der Arbeitnehmerschaft vertreten durch den Betriebsrat anzustrengen, doch wird man dem Prinzip der allgemeinen Formfreiheit gemäß (unten S. 30) auch Klagen des Betriebsrats nicht zurückweisen Fraenkel, Betriebsräte und Arbeitsgerichtsgesetz, S. 13.

streitigkeiten auch als Kläger durchzufechten. Freilich ist die volle Parteifähigkeit nur auf das arbeitsgerichtliche Verfahren beschränkt, während die Berufsvereine, soweit sie nicht rechtsfähig sind, außerhalb des arbeitsgerichtlichen Verfahrens nach wie vor nur die passive Parteifähigkeit besitzen. Da vor allem die inneren Verbandstreitigkeiten (Mitgliederbeiträge, Verbandsstrafen) nicht unter die Arbeitsgerichtsbarkeit fallen (oben S. 8 u. 21), so bestehen insoweit die bisherigen Schwierigkeiten der klagweisen Geltendmachung von Ansprüchen für die Arbeitnehmerberufsvereine weiter und können nach wie vor nur auf Umwegen (vor allem Abtretung an den Vorstand) gemildert werden (S. 236).

2. Die Belegschaften, also die Arbeitnehmerschaft, Arbeiterschaft und Angestelltenschaft, haben nunmehr im arbeitsgerichtlichen Verfahren eine Parteifähigkeit erhalten, die freilich, entsprechend der Beschränkung der Rechtsfähigkeit dieser Organisationen auf eine bloße Teilpersönlichkeit bezüglich des Mitbestimmungsrechts, ebenfalls nur für bestimmte Arten von Arbeitssachen besteht, bei denen es sich um die Durchführung des Mitbestimmungsrechts handelt, nämlich im Einspruchsverfahren und in Betriebsstreitigkeiten. Soweit eine Betriebsvertretung in diesem Verfahren auftritt, handelt sie nicht im eigenen Namen und macht nicht eigene Rechte geltend, sondern ist lediglich gesetzliche Vertreterin der Belegschaft, deren Mitbestimmungsrecht sie ausübt und im Prozeß verteidigt (S. 242/43).

a) Im Einspruchsverfahren bei Entlassungsstreitigkeiten steht zwar das materielle Recht auf Weiterbeschäftigung (bzw. Entschädigung) dem gekündigten Arbeitnehmer selbst zu, doch kann das prozessuale Verfolgungsrecht nicht nur von diesem Arbeitnehmer selbst, sondern daneben auch vom Betriebsrat geltend gemacht werden[1]). Zur Wahrnehmung dieses Rechts ist der Belegschaft nunmehr die Parteifähigkeit zuerkannt.

b) Darüber hinaus ist in Betriebsstreitigkeiten die Belegschaft aber auch selbst diejenige Partei, der das streitige materielle Recht zusteht. Auch hier ist darum den Belegschaften nunmehr die Parteifähigkeit zuerkannt worden.

B. Die Prozeßfähigkeit, also die Fähigkeit, prozessuale Handlungen mit rechtlicher Wirkung vorzunehmen und entgegenzunehmen (prozessuale Geschäftsfähigkeit), entspricht im Verfahren vor den Arbeitsgerichten in vollem Umfang der Regelung im Verfahren vor den ordentlichen Gerichten, besteht also nach § 52 ZPO. insoweit, als man sich durch Verträge verpflichten kann.

1. Einmal bedürfen daher Minderjährige und sonstige in der Geschäftsfähigkeit beschränkte Personen zur wirksamen Vornahme einer Prozeßhandlung der Mitwirkung ihres gesetzlichen Vertreters. Die Erweiterung der allgemeinen Geschäftsfähigkeit für minderjährige Arbeitnehmer gemäß § 113 BGB. (S. 65) wirkt sich zugleich in einer erweiterten Prozeßfähigkeit aus, die als solche gerade im Verfahren vor den Arbeitsgerichten praktisch wird. Im Rahmen des § 113 BGB. ist daher der Minderjährige in der Lage, selbständig und ohne Mitwirkung seines gesetzlichen Vertreters sowohl in Dienststreitigkeiten wie in Gruppenstreitigkeiten Prozeßhandlungen vorzunehmen, vor allem also den Lohn einzuklagen bzw. auf Erfüllung der Arbeitspflicht oder Schadensersatz verklagt zu werden.

2. Andererseits bedürfen juristische Personen, da sie sich nicht selbst vertraglich verpflichten können, sondern hierzu natürlicher Personen als ihrer

---

[1]) Jedoch im Berufungsverfahren nur, wenn auch schon die Klage vor dem Arbeitsgericht von der Betriebsvertretung erhoben war § 71. Daneben bleibt der entlassene Arbeitnehmer zur selbständigen Einlegung der Berufung berechtigt, da er der wahre Anspruchsberechtigte ist und auch sein Klagrecht nicht dadurch verloren geht, daß die Betriebsvertretung von ihrem Klagrecht Gebrauch macht, denn beide Klagrechte stehen m. E. in so enger rechtlicher Verbindung, daß der entlassene Arbeitnehmer mindestens eine einem Nebenintervenienten ähnliche Stellung einnimmt. Ebenso Aufhäuser-Nörpel, a. a. O. A. M. Sell, Arbeitsgericht 1927, S. 160 und Fraenkel, Betriebsräte und Arbeitsgerichtsgesetz, S. 14. Vgl. auch oben S. 7, Anm. 3, S. 25, Anm. 1 u. 2 u. S. 28, Anm. 1.

Organe bedürfen, mangels eigener Prozeßfähigkeit einer Mitwirkung ihrer gesetzlichen Vertreter. Soweit Berufsvereine ohne Rechtsfähigkeit nunmehr als parteifähig anerkannt werden, werden sie ebenso wie rechtsfähige Vereine im Prozeß durch ihren Vorstand als gesetzlichen Vertreter vertreten. Und soweit die Belegschaften im Rahmen ihres Mitbestimmungsrechts als parteifähig anerkannt sind, erfolgt ihre Vertretung im Prozeß durch die Betriebsvertretungen als ihre gesetzlichen Vertreter, also je nach dem, ob die gesamte Belegschaft oder nur eine Gruppe beteiligt ist, bzw. je nach dem, welche Art von Betriebsvertretung besteht, durch den Betriebsrat, Arbeiterrat oder Angestelltenrat bzw. durch Betriebsobmann oder Sondervertretung des § 62 BRG., eventuell auch durch Gesamtbetriebsrat oder gemeinsamen Betriebsrat. Der Vorsitzende des Betriebsrats ist hierbei für sich allein zur Vertretung des Betriebsrats gegenüber den Arbeitsgerichtsbehörden befugt (§§ 28 BRG., 112 Arb.Ger.Ges.).

C. Die Verhandlungsfähigkeit, also die Fähigkeit zu unmittelbarem (mündlichem oder schriftlichem) Verkehr mit dem Gericht, ist im arbeitsgerichtlichen Verfahren abweichend vom ordentlichen Verfahren geregelt § 11, und zwar sowohl in der Frage, inwieweit eine Partei selbst mangels eigener Verhandlungsfähigkeit eines Prozeßvertreters bedarf (1), wie in der Frage, inwieweit die an sich gesetzlich legitimierten Prozeßbevollmächtigten, nämlich Rechtsanwälte und Verbandsvertreter, diese Fähigkeit besitzen (2), woraus sich für alle drei Stufen der Arbeitsgerichtsbehörden eine verschiedene Art der Prozeßvertretung ergibt (3).

1. Die Partei selbst ist verhandlungsfähig nur vor den Arbeitsgerichten, wo sie also selbst schriftlich und mündlich mit dem Gericht verhandeln, vor allem vor Gericht auftreten kann. Auch kann sie sich hier durch jede andere prozeßfähige Person als Prozeßbevollmächtigten vertreten lassen oder mit ihr als Beistand erscheinen, soweit nicht für Rechtsanwälte hier Ausnahmen bestehen (unten zu 2a). Vor den Landesarbeitsgerichten und dem Reichsarbeitsgericht besteht dagegen eine solche eigene Verhandlungsfähigkeit der Parteien nicht. Hier muß sich die Partei vielmehr mangels eigener Verhandlungsfähigkeit durch andere Personen als Prozeßbevollmächtigte vertreten lassen, welche die Verhandlungsfähigkeit dort besitzen.

2. Besonders legitimiert zur Prozeßvertretung vor den Arbeitsgerichten sind einerseits Rechtsanwälte (a) und andererseits Verbandsvertreter (b).

a) Rechtsanwälte besitzen die Verhandlungsfähigkeit aber nur im Verfahren vor den Landesarbeitsgerichten und dem Reichsarbeitsgericht. Und zwar sind hier alle deutschen Rechtsanwälte unbeschränkt verhandlungsfähig. Im Gegensatz zum ordentlichen Gerichtsverfahren hat also ihre Verhandlungsfähigkeit hier nicht zur Voraussetzung, daß sie gerade bei diesem Gericht, und zwar weder bei dem bestimmten Landesarbeitsgericht noch auch beim Reichsarbeitsgericht, zugelassen sind, vielmehr besteht ihre Verhandlungsfähigkeit ohne weiteres vor allen Landesarbeitsgerichten sowie vor dem Reichsarbeitsgericht.

Dagegen ist umgekehrt im Verfahren vor den Arbeitsgerichten sowohl den Rechtsanwälten wie auch den sonstigen Personen, die das Verhandeln vor Gericht geschäftsmäßig betreiben, vor allem den sogenannten Prozeßagenten, die Verhandlungsfähigkeit in vollem Umfang entzogen, soweit sie nicht in eigener Sache, sondern als Prozeßbevollmächtigte oder als Beistände auftreten[1]).

b) Verbandsvertreter[2]) sind Mitglieder und Angestellte von Berufsvereinen oder von Verbänden solcher Vereine (Spitzenvereine). Sie sind verhandlungsfähig sowohl vor den Arbeitsgerichten wie vor den Landesarbeitsgerichten (dagegen nicht

[1]) Dies gilt auch für das Verfahren vor den Schiedsgerichten, jedoch nur im Zweifel, so daß die Zulassung also im Schiedsvertrag rechtswirksam ausgesprochen werden kann § 95 Abs. 2 (unten S. 35).

[2]) NIEMANDT, Arbeitsgericht 1927, S. 27ff.

vor dem Reichsarbeitsgericht), und zwar ohne Unterschied, ob sie Rechtsanwälte sind bzw. das Verhandeln vor Gericht geschäftsmäßig betreiben oder nicht. Sie können vielmehr sowohl im Verfahren vor den Arbeitsgerichten wie vor dem Landesarbeitsgericht als Prozeßbevollmächtigte oder Beistände verhandeln, wenn sie nur kraft Satzung oder Vollmacht zur Vertretung befugt sind und entweder für die Vereinigung als solche oder für deren Mitglieder auftreten[1]). Doch gilt auch diese Ausnahme nicht für den Fall, daß sie neben dieser Vertretung die Tätigkeit als Rechtsanwalt ausüben oder, ohne Rechtsanwälte zu sein, das Verhandeln vor Gericht gewerbsmäßig gegen Entgelt betreiben.

3. Danach ist die Prozeßvertretung in allen drei Stufen der Arbeitsgerichtsbehörden eine verschiedene:

a) Vor den Arbeitsgerichten können sich die Parteien selbst vertreten oder durch eine andere prozeßfähige Person vertreten lassen, nur darf diese Person kein Rechtsanwalt oder geschäftsmäßiger Prozeßvertreter sein, es sei denn, daß er Mitglied oder Angestellter eines Berufsvereins ist und nicht daneben außerdem noch als Rechtsanwalt oder gewerbsmäßiger Prozeßvertreter tätig ist. Nur die Mitglieder eines Berufsvereins sind also in der Lage, sich vor den Arbeitsgerichten durch berufsmäßig rechtskundige Personen vertreten zu lassen, sofern ihre Organisation einen solchen Vertreter besitzt[2]).

b) Vor den Landesarbeitsgerichten besteht ein Vertretungszwang insofern, als die Parteien hier nicht selbst auftreten können, sich vielmehr je nach ihrer Wahl entweder durch irgendeinen deutschen Rechtsanwalt oder aber durch ein Mitglied oder einen Angestellten ihrer Organisation vertreten lassen müssen.

c) Vor dem Reichsarbeitsgericht besteht ein Anwaltszwang insofern, als die Parteien hier nicht selbst auftreten können, sich vielmehr durch irgendeinen deutschen Rechtsanwalt vertreten lassen müssen, während dagegen hier Mitglieder oder Angestellte der Organisationen nicht verhandlungsfähig sind und die Vertretung daher nicht übernehmen können.

§ 5. Das Verfahren.

Das Verfahren vor den Arbeitsgerichtsbehörden ist verschieden, je nachdem ob es sich um Urteilsverfahren (I) oder Beschlußverfahren handelt (II). Neben diesem Verfahren vor den Arbeitsgerichtsbehörden ist endlich auch das Verfahren vor den Schiedsgerichten wenigstens teilweise gesetzlich geregelt (III).

I. Das Urteilsverfahren gilt für diejenigen Arbeitssachen, die zu den bürgerlichen Rechtsstreitigkeiten gehören, also für Dienst-, Verband- und Gruppenstreitigkeiten. Es entspricht demgemäß dem für bürgerliche Rechtsstreitigkeiten vor den ordentlichen Gerichten allgemein vorgesehenen Zivilprozeß; grundsätzlich gilt daher auch für das Urteilsverfahren vor den Arbeitsgerichtsbehörden die Zivilprozeßordnung mit ihren Nebengesetzen[3]), und ein besonderes Verfahren besteht

---

[1]) In Entlassungsstreitigkeiten des BRG., auch wenn sie von der Betriebsvertretung verfolgt werden, entscheidet die Zugehörigkeit des entlassenen Arbeitnehmers zur Vereinigung, nicht die der Mitglieder der Belegschaft oder Betriebsvertretung.

[2]) Man hat in dieser Bevorzugung organisierter vor nichtorganisierten Personen vielfach einen mittelbaren Organisationszwang finden wollen.

[3]) Jedoch gilt die Entlastungs-VO. nur in der Oberstufe des Reichsarbeitsgerichts, ist hier freilich ohne praktische Bedeutung (Volkmar, Arbeitsgericht 1927, S. 122/3), dagegen ist sie in der Unterstufe der Arbeitsgerichte völlig ausgeschlossen, und sie gilt endlich in der Mittelstufe der Landesarbeitsgerichte nur in ihren §§ 7 und 8 über die Entscheidung ohne mündliche Verhandlung, während die Vorschriften über wertbeständige Urteile, über das Schiedsurteilsverfahren und über den Urkunden- und Wechselzahlungsbefehl unanwendbar sind. Auch gelten aus der ZPO. nicht die Vorschriften über den Urkunden- und Wechselprozeß, wohl dagegen nach der Entstehungsgeschichte die Vorschriften über das Mahnverfahren. Ebenso Dersch-Volkmar, Einleitung, S. 30; Volkmar, Arbeitsgericht 1927, S. 122 und Baumbach, Anm. 1 zu § 47; a. M. Sell, Arbeitsgericht 1927, S. 34 u. 159 u. Schmincke-Sell, Anm. 6 zu § 46.

für das Urteilsverfahren in Arbeitssachen überhaupt nur insoweit, als besondere Abweichungen vom allgemeinen Verfahren ausdrücklich vorgesehen sind §§ 46 Abs. 2, 64 Abs. 2, 72 Abs. 2. Diese Abweichungen ergeben sich einmal aus bestimmten allgemeinen Grundsätzen, in denen sich das Verfahren vor den Arbeitsgerichten vom allgemeinen Verfahren unterscheidet (A). Sie betreffen aber auch Einzelheiten im Gang des Verfahrens selbst (B).

A. Bezüglich der allgemeinen Grundsätze beruht das arbeitsgerichtliche Verfahren zwar auf den gleichen „Prozeßmaximen" wie das ordentliche Verfahren (1), zu ihnen treten aber eine Reihe weiterer, das Verfahren hier beherrschender Sondergrundsätze hinzu (2).

1. Unter den Prozeßmaximen sind drei Gruppen zu unterscheiden:

a) Öffentlichkeit, Mündlichkeit und Unmittelbarkeit bestehen grundsätzlich in gleichem Umfang wie im Zivilprozeß. Doch kann einmal die Öffentlichkeit auf Antrag einer Partei hier auch dann ausgeschlossen werden, wenn „Betriebs-, Geschäfts- oder Erfindungsgeheimnisse zum Gegenstand der Verhandlung oder Beweisaufnahme gemacht werden", und im Güteverfahren ist die Öffentlichkeit allgemein aus Zweckmäßigkeitsgründen ausschließbar §§ 52, 64, 72. Ferner ist die Mündlichkeit insofern erweitert, als ein Verfahren ohne mündliche Verhandlung gemäß §§ 7, 8 der Entlastungs-VO. hier nur im Rechtsmittelverfahren, dagegen nicht im erstinstanzlichen Verfahren zulässig ist §§ 46, 64[1]). Und endlich geht auch die Unmittelbarkeit über das ordentliche Verfahren insofern hinaus, als die Beweisaufnahme, soweit sie am Sitz des Arbeitsgerichts möglich ist, immer vor der Kammer (also unter Zuziehung der Beisitzer), erfolgen muß (z. B. Augenscheinseinnahme, Vernehmung kranker Zeugen in der Wohnung usw.), und nur soweit sie außerhalb dieses Sitzes stattfindet, dem Vorsitzenden allein bzw. (außerhalb des Bezirks des Arbeitsgerichts) dem Vorsitzenden des örtlich zuständigen Arbeitsgerichts oder dem örtlich zuständigen Amtsgericht übertragen werden darf §§ 58, 64. Auch ist die Verpflichtung der Parteien, auf Anordnung des Vorsitzenden persönlich vor Gericht zu erscheinen, erweitert und in der ersten Instanz auch noch dadurch verschärft, daß der Vorsitzende bei unbegründetem Ausbleiben, wenn dadurch der Zweck der Anordnung vereitelt ist, die Zulassung eines Prozeßbevollmächtigten ablehnen kann §§ 51, 64.

b) Verhandlungsmaxime und Parteibetrieb bzw. Amtsbetrieb entsprechen dem Verfahren vor dem Amtsgericht, jedoch werden in Erweiterung des Amtsbetriebes hier in der ersten Instanz auch die Urteile von Amts wegen zugestellt § 50.

c) Der Grundsatz der Eventualmaxime, also der Notwendigkeit, Tatsachen und Beweismittel bis zu einem bestimmten Zeitpunkt bei Vermeidung des Ausschlusses vorzubringen, ist durch § 67 für das Berufungsverfahren dadurch verschärft, daß neue Tatsachen und Beweismittel vom Berufungskläger in der Berufungsbegründung, vom Berufungsbeklagten spätestens in der ersten mündlichen Verhandlung vorzubringen und später nur zuzulassen sind, wenn sie erst später entstanden sind, oder wenn das verspätete Vorbringen von der Partei nicht verschuldet war. Die Zurückweisungsbefugnis der ordentlichen Gerichte ist also hier zu einer grundsätzlichen Zurückweisungspflicht erweitert.

2. Die Sondergrundsätze, die außerdem gerade das arbeitsgerichtliche Verfahren beherrschen, sind Schnelligkeit, Einfachheit und Billigkeit des Verfahrens.

a) Der erhöhten Schnelligkeit dient einmal der allgemeine Grundsatz des § 9 Abs. 3, wonach das Verfahren in allen Instanzen zu beschleunigen ist und die Gerichtsferien auf das Verfahren ohne Einfluß sind. Auch hat der Vorsitzende nach §§ 56, 64 die Verhandlung so vorzubereiten, daß sie möglichst in einem Termin

[1]) Dagegen gibt es eine Entscheidung nach Lage der Akten gemäß § 251a, 331a CPO.

zu Ende geführt werden kann, und kann zu diesem Zweck Zeugen und Sachverständige laden, amtliche Äußerungen herbeiführen, schriftliche Unterlagen beiziehen und das persönliche Erscheinen der Parteien anordnen. Kann die Verhandlung nicht in einem Termin zu Ende geführt werden, so ist der nächste Termin sofort zu verkünden § 57. Sodann dient der Beschleunigung des Verfahrens, daß das Güteverfahren hier nicht der Klage voranzugehen braucht, sondern lediglich einen Bestandteil des Verfahrens bildet (§§ 54, 55), und daß über die Ablehnung eines Richters das Arbeitsgericht selbst unanfechtbar entscheidet[1]) §§ 49, 64, 72. Weiter sind vorab entscheidende Zwischenurteile über den Grund des Anspruchs im Gegensatz zum ordentlichen Verfahren nicht selbständig mit Rechtsmitteln angreifbar, sondern erst zusammen mit dem Endurteil über den Betrag des Anspruchs § 61 Abs. 5, 64. Und endlich sind die Fristen abgekürzt, es genügt nämlich zur Wahrung der Einlassungs- und Ladungsfrist, bei Wohnsitz des Beklagten am Sitz des Arbeitsgerichts, Zustellung am zweiten Tage vor dem Termin § 47 Abs. 3, die Einspruchsfrist gegen Versäumnisurteile beträgt 3 Tage §§ 49, 64, die Frist für Verkündungstermine 3 Tage §§ 60, 64, die Frist für Berufung und Revision und deren Begründung 2 Wochen (§§ 66, 74), die Frist zur Nachholung des Eides 3 Tage (§§ 58 Abs. 4, 64).

b) Der Vereinfachung und größeren Freiheit der Formen dienen die Bestimmungen, daß eine Beeidigung von Zeugen und Sachverständigen nur erforderlich ist, wenn die Kammer sie zur Herbeiführung einer wahrheitsgemäßen Aussage für erforderlich hält, daß die Leistung eines zugeschobenen oder zurückgeschobenen Eides stets durch Beweisbeschluß angeordnet wird[2]), und daß bei Nichterscheinen des Schwurpflichtigen der Eid sogleich als verweigert anzusehen ist (§§ 58, Abs. 2 und 4, 64), daß weder Berufung noch Nichtigkeitsklage auf Mängel des Verfahrens bei Berufung der Beisitzer oder Umstände, die die Berufung eines Beisitzers ausschließen, gestützt werden kann (§§ 65, 79), und daß eine Zurückweisung wegen eines Mangels im Verfahren an das Arbeitsgericht unzulässig ist (§ 68).

c) Die Billigkeit wird dadurch erreicht, daß in der untersten Instanz, also im Verfahren vor den Arbeitsgerichten, nur eine einzige (auch erheblich geringere) Gebühr erhoben wird und Schreibgebühren überhaupt nicht in Ansatz kommen, und daß in zahlreichen Fällen die Gebühren wegfallen oder ermäßigt werden (Abweisung der Klage der Betriebsvertretung in Entlassungsstreitigkeiten, Vergleich, Anerkenntnis, Klagerücknahme, Versäumnisurteil). Auch werden Kostenvorschüsse nicht erhoben. §§ 12, 63 Abs. 2, 64, 66 Abs. 2, 74 Abs. 2. Ein Rechtsanspruch der obsiegenden Partei auf Kostenerstattung für Zeitversäumnis oder Zuziehung eines Prozeßbevollmächtigten oder Beistandes besteht für das Verfahren erster Instanz nicht, kann vielmehr nur nach Billigkeitsgrundsätzen zugesprochen werden, § 61 Abs. 1.

B. Im Gang des Verfahrens selbst bestehen Besonderheiten im arbeitsgerichtlichen Verfahren sowohl für das Verfahren in I. Instanz (1) wie im Rechtsmittelverfahren (2).

1. Das Verfahren in I. Instanz zeigt Besonderheiten im Güteverfahren, in der Abgrenzung der Kompetenz zwischen Vorsitzendem und Beisitzern, im Beweisverfahren, bezüglich Verkündung und Inhalt der Urteile und bezüglich der Zwangsvollstreckung.

a) Das Güteverfahren geht hier nicht der Klage voran, sondern folgt ihr nach und bildet einen Bestandteil des Prozesses, indem die mündliche Verhandlung mit der Güteverhandlung beginnt, d. h. der Verhandlung vor dem Vorsitzenden zum Zweck der gütlichen Einigung. Der Vorsitzende kann hierbei alle Handlungen zur Aufklärung des Tatbestandes vornehmen, die sofort erfolgen können, mit alleiniger Ausnahme von eidlichen Vernehmungen und Auferlegung von Parteieiden. Ist die Partei in der Güteverhandlung nicht erschienen oder ist die Verhandlung erfolglos geblieben, so schließt sich die weitere Verhandlung unmittelbar an die Güteverhandlung

---

[1]) Und zwar die Kammer, nicht nur der Vorsitzende allein.

[2]) Dagegen ist der richterliche Eid durch bedingtes Endurteil aufzuerlegen.

an, oder soll doch, falls dies unmöglich ist, binnen 3 Tagen stattfinden. Sind beide Parteien ausgeblieben, so wird ein Termin zur streitigen Verhandlung anberaumt §§ 54, 55. Doch findet dieses ganze Verfahren nicht statt, soweit die Parteien einen Gütevertrag geschlossen haben, durch den jedes Güteverfahren vor dem eigentlichen Arbeitsgericht ausgeschlossen wird § 105 (vgl. oben S. 12).

b) Die Abgrenzung der Kompetenzen zwischen Vorsitzendem und Beisitzern ist dahin erfolgt, daß der Vorsitzende alle Beschlüsse und Verfügungen erläßt, die nicht auf Grund mündlicher Verhandlung erfolgen, auch soweit sie im ordentlichen Verfahren vom Gericht erlassen werden (z. B. Armenrecht), und daher insoweit die Funktionen des Arbeitsgerichts allein wahrnimmt. Dagegen wirken umgekehrt bei allen in der Sache selbst ergehenden (also nicht nur das Verfahren betreffenden) Entscheidungen auf Grund mündlicher Verhandlung die Beisitzer mit, und zwar, entsprechend den Beisitzern einer landgerichtlichen Zivilkammer, mit gleichem Stimmrecht § 53. Eine Ausnahme besteht nur insofern, als der Vorsitzende gemäß § 55 Abs. 2 auch dann allein entscheidet, wenn entweder das Urteil ohne streitige Verhandlung auf Grund Versäumnisses, Anerkenntnisses, Zurücknahme der Klage oder Verzichts ergeht, oder aber wenn die Entscheidung sogleich in der an die Güteverhandlung sich unmittelbar anschließenden streitigen Verhandlung erfolgen kann und beide Parteien eine solche Entscheidung beantragen (was protokollarisch festzustellen ist).

c) Für das Beweisverfahren sind die besonderen Grundsätze über die Unmittelbarkeit, über die Möglichkeit, Zeugen und Sachverständige unbeeidet zu vernehmen, und über die Auferlegung des Eides durch Beweisbeschluß bereits behandelt (oben S. 29/30).

d) Die Urteile der Arbeitsgerichte unterscheiden sich von den Urteilen der ordentlichen Gerichte hinsichtlich ihrer Abfassung, ihres Inhaltes, der Form ihrer Verkündung und ihrer Zustellung.

α) Die Abfassung des Urteils erfolgt durch den Vorsitzenden, der es auch nur allein unterschreibt. Es soll binnen 3 Tagen nach Verkündung der Geschäftsstelle übergeben werden.

β) Inhaltlich umfaßt es wie jedes Urteil eines ordentlichen Gerichts neben der Urteilsformel auch Tatbestand und Entscheidungsgründe, unterscheidet sich aber insofern, als auch der Betrag der Kosten und der Wert des Streitgegenstandes im Urteil festzustellen sind[1]) § 61 Abs. 1 u. 2.

γ) Bei der Verkündung des Urteils ist der wesentliche Inhalt der Gründe mitzuteilen, sofern nicht beide Parteien abwesend sind. Die Anwesenheit der Beisitzer bei der Verkündung ist nicht erforderlich. Doch ist bei Verkündung eines von der Kammer gefällten Urteils in Abwesenheit der Beisitzer die Urteilsformel vorher vom Vorsitzenden und den Beisitzern zu unterzeichnen. Ein besonderer Verkündungstermin darf nur angesetzt werden, wenn sofortige Verkündung im Verhandlungstermin aus besonderen Gründen nicht möglich ist, und darf auch in diesem Fall nicht über drei Tage hinaus ausgesetzt werden.

δ) Die Zustellung aller Urteile erfolgt von Amts wegen § 50.

ε) Die Zwangsvollstreckung im arbeitsgerichtlichen Verfahren weicht vom ordentlichen Verfahren in dreifacher Weise ab: einmal sind die arbeitsgerichtlichen Urteile, die durch Berufung oder Einspruch anfechtbar sind, hier ohne weiteres vorläufig vollstreckbar, die vorläufige Vollstreckbarkeit bedarf also hier keines besonderen Ausspruchs, sondern muß umgekehrt durch besonderen Ausspruch ausgeschlossen werden, wenn sie ausnahmsweise nicht bestehen soll. Ein solcher Ausschluß soll aber nur dann stattfinden, wenn der Beklagte glaubhaft macht, daß die Zwangsvollstreckung ihm einen „nicht zu ersetzenden Nachteil" bringen würde, und deshalb den Ausschluß beantragt. Ferner ist auch die Einstellung der Zwangsvollstreckung im Falle eines Antrags auf Wiedereinsetzung in den vorigen Stand oder Wiederaufnahme des Verfahrens gemäß § 707 Abs. I u. 719 Abs. 1 ZPO. nur zulässig, wenn eine solche Glaubhaftmachung erfolgt. Und endlich ist im Falle der Verurteilung zu einer Handlung die Zwangsvollstreckung aus §§ 887, 888 ZPO. ausgeschlossen, in solchem Falle ist vielmehr der Beklagte auf Antrag des Klägers für den Fall, daß die Handlung nicht binnen einer bestimmten Frist vorgenommen wird, zur Zahlung einer vom Arbeitsgericht nach freiem Ermessen festzusetzenden Entschädigung zu verurteilen[2]) §§ 61, 62 Abs. 4. 64.

2. An Rechtsmitteln kennt das Urteilsverfahren vor den Arbeitsgerichtsbehörden die Berufung (a), die Revision (b) und die Beschwerde (c).

a) Die Berufung (§§ 64 bis 71)[3]) richtet sich gegen die Urteile der Arbeitsgerichte und geht an das übergeordnete Landesarbeitsgericht. Auch hier gelten die Vorschriften der ZPO. über die Berufung, jedoch mit Ausnahme der Vorschriften über das Verfahren vor dem Einzelrichter, während andererseits die Entlastungs-

[1]) Infolgedessen ergibt sich die Berufungsfähigkeit ohne weiteres und unanfechtbar aus dem erstinstanzlichen Urteil, vgl. unten S. 32.

[2]) Vgl. hierzu Friedrichs, Arbeitsgericht 1927, S. 129. (M. E. unrichtig bezüglich des Zeugnisses, das vielmehr mit der Rechtskraft als erteilt gilt.)

[3]) Sello, Arbeitsgericht, Sp. 74ff.

VO. in ihren §§ 7 u. 8 über Entscheidung ohne mündliche Verhandlung hier Anwendung findet.

Von den Besonderheiten des Berufungsverfahrens ist die Abkürzung der Fristen für Berufung und Berufungsbegründung auf je 2 Wochen, die Zurückweisung verspätet vorgebrachter Tatsachen und Beweismittel und die Unschädlichkeit von Formfehlern bei Berufung der Beisitzer sowie im Verfahren selbst bereits behandelt. Auch gelten aus dem Verfahren bei den Arbeitsgerichten eine Reihe wichtiger Grundsätze auch für das Berufungsverfahren, vor allem über die Abgrenzung der Kompetenzen zwischen Vorsitzendem und Beisitzern, über das Beweisverfahren, über Verkündung und Inhalt von Urteilen und über ihre Vollstreckung § 64.

Die wichtigste Abweichung des arbeitsgerichtlichen Berufungsverfahrens vom allgemeinen Berufungsverfahren gilt aber für die Berufungsfähigkeit, die hier entweder eine absolute oder eine relative ist.

Absolut berufungsfähig sind Urteile des Arbeitsgerichts, wenn der vom Arbeitsgericht festgesetzte Wert des Streitgegenstandes[1]) (nicht Beschwerdegegenstandes) 300 Mark übersteigt; die Berufungsgrenze ist also erheblich höher als im ordentlichen Verfahren.

Relativ berufungsfähig sind Urteile des Arbeitsgerichts, wenn der vom Arbeitsgericht festgesetzte Streitgegenstand zwar unter der Berufungsgrenze zurückbleibt, wenn aber das Arbeitsgericht im Urteil I. Instanz wegen der grundsätzlichen Bedeutung des Falles die Berufung trotzdem besonders zugelassen hat. Die Entscheidung hierüber ist in der Regel dem pflichtmäßigen Ermessen des Arbeitsgerichts überlassen, doch soll die Berufung im Interesse einer einheitlichen Rechtsprechung immer dann zugelassen werden, wenn entweder ein in der Rechtsauslegung abweichendes Urteil eines anderen Gerichts gegen eine der beiden Prozeßparteien vorgelegt oder wenn über die Auslegung eines Tarifvertrages entschieden wird, dessen Geltungsbereich über den Bezirk eines Arbeitsgerichts hinausreicht §§ 11, 61 Abs. 3, 64 Abs. 1.

b) Die Revision (§§ 72 bis 76) geht stets an das Reichsarbeitsgericht und richtet sich in der Regel gegen Berufungsurteile der Landesarbeitsgerichte, ausnahmsweise aber als Sprungrevision unter Übergehung des Berufungsverfahrens gegen Urteile der Arbeitsgerichte. Die Sprungrevision ist aber nur zulässig, wenn die Revisionssumme erreicht ist (z. Zt. 4000.— Mark) und entweder der Gegner einwilligt, oder aber der Reichsarbeitsminister die sofortige Entscheidung durch das Reichsarbeitsgericht im Interesse der Allgemeinheit für notwendig erklärt. Doch darf Berufung zuvor nicht eingelegt worden sein.

Auch für die Revision gelten grundsätzlich die Vorschriften der ZPO. über die Revision im ordentlichen Verfahren[2]). Besonderheiten für das arbeitsgerichtliche Revisionsverfahren gelten indessen bezüglich der Abkürzung der Fristen für die Einlegung der Revision und ihre Begründung auf je zwei Wochen, sowie vor allem für die Revisionsfähigkeit, die hier teils erweitert, teils eingeschränkt ist.

Eine Erweiterung der Revisionsfähigkeit besteht insofern, als, ebenso wie bei der Berufungsfähigkeit, auch hier zwischen absoluter und relativer Revisionsfähigkeit zu unterscheiden ist: Absolut revisionsfähig sind Urteile mit einem 4000 Mark übersteigenden Streitgegenstand (wiederum nicht Beschwerdegegenstand). Relativ revisionsfähig sind Urteile, bei denen das Landesarbeitsgericht trotz eines geringeren Streitgegenstandes die Revision wegen der grundsätzlichen Bedeutung einer Sache zugelassen hat.

Beschränkt ist die Revisionsfähigkeit insofern, als die Entlassungs-

[1]) Entscheidend ist lediglich diese unanfechtbare Festsetzung, und zwar sowohl negativ für die Berufungsunfähigkeit wie auch positiv für die Berufungsfähigkeit, Dersch-Volkmar, Anm. 6 zu § 61, Fraenkel, Betriebsräte und Arbeitsgerichtsgesetz, S. 19. A. M. Reinberger, Arbeitsgericht 1927, S. 161ff.

[2]) Auch gilt hier die Entlastungsverordnung, da sie nicht ausgeschlossen ist, in vollem Umfang, ist aber ohne praktische Bedeutung, Volkmar, Arbeitsgericht 1927, Sp. 122/23.

streitigkeiten des BRG. niemals revisibel sind. In Übereinstimmung mit der allgemeinen Regelung der ZPO. ist ferner gegen Urteile, durch welche über Anordnung, Abänderung oder Aufhebung eines Arrestes oder einer einstweiligen Verfügung entschieden wird, die Revision ebenfalls nicht zulässig; auch kann endlich die Revision nur darauf gestützt werden, daß das angefochtene Urteil auf der Nichtanwendung oder unrichtigen Anwendung einer gesetzlichen Bestimmung oder einer normativen Bestimmung des Tarifvertrages beruht[1]).

c) Die Beschwerde richtet sich gegen Entscheidungen, die nicht über den Anspruch selbst, sondern außerhalb der Hauptsache ergehen, und zwar in der Regel verfahrensrechtliche Fragen betreffen. Sie ist insofern beschränkt, als sie nur gegen Beschlüsse und Verfügungen des Arbeitsgerichts und seines Vorsitzenden zulässig ist, dagegen nicht auch gegen Beschlüsse und Verfügungen des Landesarbeitsgerichts und seines Vorsitzenden (§ 70); auch findet eine weitere Beschwerde hier nicht statt (§ 78 Abs. 2). Insoweit entscheiden daher die Landesarbeitsgerichte endgültig, und zwar nach den Vorschriften der ZPO. über die Entscheidung von Beschwerden gegen Entscheidungen der Amtsgerichte (§ 78 Abs. 1)[2])[3]). Eine Ausnahme gilt nur für den Fall, daß die Berufung gemäß § 519 Abs. 2 ZPO. ohne mündliche Verhandlung durch Beschluß deshalb zurückgewiesen worden ist, weil sie unstatthaft ist oder weil Berufung oder Berufungsbegründung nicht fristgemäß eingegangen sind. In diesem Fall unterliegt die Entscheidung der sofortigen Beschwerde, sofern gegen ein Urteil gleichen Inhalts die Revision zulässig wäre. In diesem Falle ist daher auch gegen einen Beschluß eines Landesarbeitsgerichts die sofortige Beschwerde zulässig (§ 70), über die nach § 77 das Reichsarbeitsgericht gemäß den Vorschriften der ZPO. über sofortige Beschwerde, und zwar ohne Zuziehung von nichtrichterlichen Beisitzern, entscheidet.

II. Das Beschlußverfahren[4]) (§§ 80—90) gilt für diejenigen Arbeitssachen, die zu den öffentlichrechtlichen Betriebsstreitigkeiten gehören (§ 2 Abs. 1 Nr. 5); es ist ein verwaltungsgerichtliches Verfahren, bei dem es nicht eigentliche „Parteien", sondern lediglich „Beteiligte" gibt (oben S. 23), und untersteht demgemäß schon als solches nicht der ZPO., deren Vorschriften hier also auch nicht ergänzend Platz greifen. Soweit vielmehr eine eigene Regelung im Arbeitsgerichtsgesetz nicht getroffen ist, finden ergänzend die allgemeinen für Verwaltungsgerichte geltenden Rechtsgrundsätze Anwendung, wie sie sich aus dem übereinstimmenden Inhalt landesrechtlicher Gesetze ergeben bzw. allgemein für ein verwaltungsgerichtliches Verfahren anerkannt werden[5]). Es bestehen daher im Beschlußverfahren gegenüber dem Urteilsverfahren Unterschiede sowohl bezüglich der allgemeinen Grundsätze (A) wie bezüglich des Ganges des Verfahrens im einzelnen (B).

A. Von den allgemeinen Grundsätzen gilt hier nur der Grundsatz der Öffentlichkeit in gleicher Weise wie im Urteilsverfahren § 80. Dagegen gelten die Grundsätze der Mündlichkeit und Unmittelbarkeit hier nicht oder doch nur in wesentlich abgeschwächter Weise: Eine mündliche Verhandlung wird hier überhaupt nicht verlangt. Zwar wird die Anhörung beider Parteien vorgeschrieben, doch hängt es ausschließlich vom Vorsitzenden ab, ob diese Anhörung mündlich oder aber nur schriftlich erfolgen soll; auch ist dem Erfordernis der Anhörung genügt, wenn ein Beteiligter sich trotz Aufforderung nicht äußert. Ein eigentliches Versäumnisverfahren gibt es also nicht. Und auch der Grundsatz der Unmittelbarkeit ist hier insofern abgeschwächt, als nur die mündliche Anhörung der Beteiligten sowie die Vernehmung von Zeugen und Sachverständigen und die Einnahme des Augenscheins durch die Kammer selbst erfolgen muß (§ 83). Ferner wird die Verhandlungsmaxime hier in weitem Umfange durch die Untersuchungsmaxime ersetzt, indem das Gericht zwar an die Anträge der Parteien gebunden ist, insoweit aber die materielle Wahrheit zu erforschen hat und sich mit dem Vorbringen der

---

[1]) Damit hat die von mir begründete Lehre von der Teilung des Tarifvertrages in einen normativen und einen verpflichtenden Teil, von denen der normative Teil objektive Rechtsnormen enthält, gesetzliche Anerkennung gefunden.

[2]) Es ist daher sowohl einfache wie sofortige Beschwerde zulässig. Sello, Arbeitsgericht 1927, S. 78.

[3]) Soweit der Vorsitzende mündliche Verhandlung nicht anordnet, entscheidet er allein (oben S. 31). Praktisch läuft dies im Beschwerdeverfahren darauf hinaus, daß der Vorsitzende hier fast immer allein entscheiden wird, auch wenn es sich um Beschwerden gegen Entscheidungen der Kammer des Arbeitsgerichts handelt.

[4]) Fraenkel, Betriebsräte und Arbeitsgerichtsgesetz, S. 25—34.

[5]) Vgl. Friedrichs, Verwaltungsrechtspflege, Berlin 1920.

Parteien nicht zu begnügen braucht. Doch wird das Verfahren nur auf Antrag, niemals von Amts wegen eingeleitet, und ist im Falle der Zurücknahme des Antrags bzw. der Rechtsbeschwerde (durch Beschluß) einzustellen (§§ 81, 87). Endlich ist auch der Amtsbetrieb hier insofern erweitert, als auch im Rechtsbeschwerdeverfahren Zustellungen und Ladungen von Amts wegen ergehen (§ 85 Abs. 2 Satz 3). Eine Eventualmaxime gibt es hier nicht. Dagegen gelten die Grundsätze der Beschleunigung, Formfreiheit und Billigkeit auch hier, insbesondere werden Gebühren und Auslagen im Beschlußverfahren überhaupt nicht erhoben (§ 12 Abs. 4). Eine Wiederaufnahme des Verfahrens findet nicht statt § 79.

B. Für den Gang des Verfahrens ist wiederum das Verfahren in erster Instanz (1) vom Rechtsmittelverfahren (2), zu unterscheiden:

1. Das Verfahren I. Instanz spielt sich vor dem Arbeitsgericht ab. Hier gelten aus dem Urteilsverfahren die Grundsätze über Ausschließung und Ablehnung, persönliches Erscheinen der Parteien, Verteilung der Kompetenz zwischen Vorsitzendem und Beisitzern und Beweisaufnahme entsprechend, dagegen bestehen erhebliche Abweichungen in der Einleitung des Verfahrens, im Betrieb des Verfahrens selbst, sowie bezüglich der Entscheidung und ihrer Vollstreckung.

a) Der Antrag, durch den das Verfahren eingeleitet wird, bedarf nämlich hier nicht der für die Klage bestimmten Form; er ist vielmehr, ohne daß für den Inhalt besondere Bestimmungen gelten, schriftlich bei dem Arbeitsgericht einzureichen oder mündlich zu Protokoll zu geben. Auch eine Zurücknahme des Antrags erfolgt in der gleichen Form.

b) Der weitere Verlauf des Verfahrens hängt ausschließlich vom Vorsitzenden ab, dem drei Möglichkeiten hierfür offen stehen. Er kann sich nämlich entweder damit begnügen, die von der einen Partei eingegangenen Schriftsätze jeweils der Gegenseite zur Äußerung zuzuschicken, bis er eine Aufklärung für erreicht hält. Oder er kann von sich aus alles zur Aufklärung Erforderliche veranlassen und zu diesem Zweck Urkunden und Auskünfte einholen, Zeugen und Sachverständige vernehmen und überhaupt alle zulässigen Beweise erheben. Endlich kann er auch einen Termin zur mündlichen Verhandlung anberaumen. Nur wenn er die Parteien persönlich hören oder Zeugen oder Sachverständige vernehmen oder einen Augenschein einnehmen will, ist die Anberaumung eines Verhandlungstermins vor der Kammer erforderlich, zu der die Parteien zu laden sind. Findet ein solcher Verhandlungstermin statt, so wird er zweckmäßig mit dem Sachvortrag eines Gerichtsmitgliedes zu beginnen haben, an den sich dann die Ausführungen der Parteien und die Erhebung von Beweisen anschließen, worauf die Entscheidung ergeht.

c) Die Entscheidung selbst erfolgt immer durch die Kammer, nie durch den Vorsitzenden allein, jedoch wenn der Vorsitzende einen Verhandlungstermin nicht anberaumt hatte, lediglich auf Grund der Akten bzw. des mündlichen Vortrags eines Gerichtsmitgliedes. Diese Entscheidung ergeht nicht in Form eines Urteils, sondern eines Beschlusses, der einer Verkündung nur dann bedarf, wenn er auf Grund mündlicher Anhörung erlassen wird, und den Beteiligten von Amts wegen zuzustellen ist.

d) Eine Zwangsvollstreckung aus dem Beschluß findet nicht statt, vielmehr entbehren alle Endentscheidungen im Beschlußverfahren der Vollstreckbarkeit. Soweit daher nunmehr Entscheidungen über Streitigkeiten aus Betriebsvereinbarungen ergehen können (oben S. 9), haben diese auch jetzt nur moralische Bedeutung, entbehren aber der Erzwingbarkeit.

2. Rechtsmittel sind die Rechtsbeschwerde und die Beschwerde,

a) Die Rechtsbeschwerde (§§ 85 bis 89) richtet sich gegen diejenigen Beschlüsse des Arbeitsgerichts, die das Verfahren beenden, und entspricht insoweit der Revision im Urteilsverfahren. Doch sind hier zur Entscheidung in der Regel die Landesarbeitsgerichte zuständig, während das Reichsarbeitsgericht nur dann tätig wird, wenn das Beschlußverfahren solche Unternehmungen oder Verwaltungen betrifft, die sich entweder räumlich über den Bezirk eines einzelnen Landes hinaus erstrecken, oder die hinsichtlich der dienstlichen Verhältnisse der Arbeitnehmer der Aufsicht des Reiches unterstehen.

Die Einlegung der Rechtsbeschwerde hat innerhalb einer Notfrist von 2 Wochen nach Zustellung des angefochtenen Beschlusses zu erfolgen, und zwar entweder durch Einreichung einer Beschwerdeschrift beim Beschwerdegericht oder durch mündliche Erklärung zu Protokoll des Arbeitsgerichts, und hat aufschiebende Wirkung. Sie kann nur darauf gestützt werden, daß der angefochtene Beschluß des Arbeitsgerichts auf der Nichtanwendung oder unrichtigen Anwendung einer gesetzlichen (nicht auch tariflichen[1]) Bestimmung beruhe, und muß ergeben, welche Bestimmungen verletzt sein sollen, worin die Verletzung besteht und inwieweit Abänderung des angefachtenen Beschlusses beantragt wird.

Das weitere Verfahren ist nunmehr verschieden, je nachdem ob die Rechtsbeschwerde form- und fristgerecht eingelegt ist oder nicht. Im letzteren Fall wird sie vom Vorsitzenden des Beschwerdegerichts durch endgültigen Beschluß, der dem Beschwerdeführer zuzustellen ist, als unzulässig verworfen. Im ersteren Fall wird sie dagegen den Beteiligten zur Äußerung zugestellt. Das weitere Verfahren ist nunmehr ein lediglich schriftliches, indem die Äußerungen

---

[1]) Dies folgt aus der verschiedenen Fassung der §§ 73 u. 86. Unrichtig Dersch-Volkmar, Anm. 3a zu § 86.

der Beteiligten entweder als Schriftsätze beim Beschwerdegericht eingereicht oder zu Protokoll des Arbeitsgerichts abgegeben werden.

Die Entscheidung ergeht auch hier durch Beschluß, der in der Sache selbst ergehen muß, sich also nicht auf eine Zurückverweisung an das Arbeitsgericht beschränken darf. Dieser Beschluß ist endgültig.

b) Die (einfache) Beschwerde geht gegen Beschlüsse und Verfügungen des Arbeitsgerichts oder seines Vorsitzenden, die das Beschlußverfahren nicht beenden sollen. Hier gelten nach § 90 die Vorschriften der ZPO. über die Beschwerde gegen Entscheidungen des Amtsgerichts entsprechend. Über solche Beschwerden entscheidet das Landesarbeitsgericht endgültig. Eine weitere Beschwerde findet also nicht statt.

Gegen Beschlüsse und Verfügungen des Landesarbeitsgerichts oder seines Vorsitzenden im Rechtsmittelverfahren gibt es kein Rechtsmittel, § 88 Abs. II.

III. Das schiedsgerichtliche Verfahren in Arbeitssachen[1]) ist im Arbeitsgerichtsgesetz §§ 91ff. selbständig geregelt, unterliegt daher nicht den Vorschriften der §§ 1025ff. ZPO, die hier auch nicht einmal ergänzend Platz greifen. Soweit ein solches Verfahren in Arbeitssachen überhaupt zulässig ist (oben S. 11), erfolgt es grundsätzlich nach freiem Ermessen des Schiedsgerichts, soweit es nicht in der Schiedsvereinbarung selbst geregelt ist (§§ 94, 103). Dieser Freiheit des Ermessens bzw. der Vereinbarung sind aber gewisse gesetzliche Schranken auch bezüglich des Verfahrens gezogen, die verschieden sind, je nachdem ob das Verfahren auf Schiedsvertrag (A), Schiedsgutachtenvertrag (B) oder Gütevertrag beruht (C).

A. Im Schiedsvertrage ist hierbei das vor dem Schiedsgericht selbst sich abspielende Verfahren (1) von einer etwaigen Mitwirkung der staatlichen Arbeitsgerichtsbehörden zu unterscheiden (2).

1. Für das Verfahren vor dem eigentlichen Schiedsgericht gelten besondere Grundsätze über die Anhörung der Parteien, über das Beweisverfahren, über Vergleiche und über den Erlaß des Schiedsspruchs.

a) Die Anhörung der Parteien vor Fällung des Schiedsspruchs ist gesetzlich vorgeschrieben, wobei der Grundsatz des beiderseitigen Gehörs Anwendung findet. Doch ist auch hier der Pflicht zur Anhörung genügt, wenn eine Partei unentschuldigt ausbleibt oder sich trotz Aufforderung nicht äußert. Die Anhörung hat mündlich zu erfolgen, soweit der Schiedsvertrag nichts anderes bestimmt. Die Parteien haben hierbei persönlich zu erscheinen oder sich durch schriftlich legitimierte Bevollmächtigte vertreten zu lassen. Der Ausschluß der Rechtsanwälte und geschäftsmäßigen Prozeßvertreter als Prozeßbevollmächtigte gilt auch hier, soweit der Schiedsvertrag nichts anderes bestimmt.

b) Das Beweisverfahren vor dem Schiedsgericht unterscheidet sich vom Beweisverfahren vor dem Arbeitsgericht vor allem dadurch, daß der Parteieid hier überhaupt ausgeschlossen ist, und daß auch die Beeidigung von Zeugen und Sachverständigen nicht durch das Schiedsgericht selbst erfolgen kann. Hält vielmehr das Schiedsgericht eine solche Beeidigung zur Herbeiführung einer wahrheitsgemäßen Aussage für erforderlich, so muß es den Vorsitzenden des örtlich zuständigen Arbeitsgerichts oder das Amtsgericht hierum ersuchen. In gleicher Weise muß das Schiedsgericht auch um die Vornahme aller sonstigen Beweiserhebungen ersuchen, die es für notwendig hält und nicht selbst vornehmen kann, wobei dem ersuchten Gericht die entstandenen baren Auslagen zu ersetzen sind.

c) Ein Vergleich, der vor dem Schiedsgericht abgeschlossen wird, ist sowohl von den Parteien wie von sämtlichen Mitgliedern des Schiedsgerichts unter Angabe des Tages seines Zustandekommens zu unterschreiben und bildet, ebenso wie der Schiedsspruch selbst, einen Vollstreckungstitel, und zwar im Gegensatz zum ordentlichen Verfahren, ohne daß sich die Parteien der sofortigen Zwangsvollstreckung zu unterwerfen brauchen.

d) Der Schiedsspruch wird, wenn der Schiedsvertrag nichts anderes bestimmt, mit einfacher Stimmenmehrheit gefällt. Auch der Schiedsspruch ist von sämtlichen Mitgliedern des Schiedsgerichts zu unterschreiben und muß schriftlich begründet werden, wenn die Parteien hierauf nicht ausdrücklich verzichtet haben. Er muß in mindestens 4 Exemplaren hergestellt

---

[1]) Sell bei Kaskel, Hauptfragen des Tarifrechts, S. 200.

werden, indem je eine vom Verhandlungsleiter unterschriebene Ausfertigung jeder Partei zuzustellen ist (eingeschriebener Brief genügt) bzw. bei dem an sich zuständigen Arbeitsgericht niederzulegen ist, während die Urschrift bei den Akten verbleibt, die ihrerseits ganz oder teilweise ebenfalls bei dem Arbeitsgericht niedergelegt werden können. Der Schiedsspruch hat unter den Parteien dieselbe Wirkung wie ein rechtskräftiges Urteil und bildet einen Vollstreckungstitel.

2. Eine Mitwirkung des staatlichen Arbeitsgerichts findet statt bei der Ablehnung von Schiedsrichtern, im Beweisverfahren, bei der Zwangsvollstreckung und bei der Aufhebungsklage.

a) Die Ablehnung der Mitglieder des Schiedsgerichts ist unter den gleichen Voraussetzungen zulässig, wie die Ablehnung eines Richters. Auch können Minderjährige, Taube und Stumme als Mitglieder des Schiedsgerichts abgelehnt werden. Über die Ablehnung entscheidet die Kammer des Arbeitsgerichts, die ohne Bestehen eines Schiedsvertrages zuständig gewesen wäre, nach vorheriger Anhörung des abgelehnten Mitglieds und der Parteien. Der Vorsitzende bestimmt, ob diese Anhörung mündlich vor der Kammer zu erfolgen hat, oder ob schriftliche Äußerung genügt. Die Entscheidung selbst erfolgt durch unanfechtbaren Beschluß § 93 Abs. 3 u. 4.

b) Über die Mitwirkung des staatlichen Arbeitsgerichts im Beweisverfahren bei Beeidigung von Zeugen und Sachverständigen und Erhebung von Beweisen vgl. oben S. 35.

c) Die Zwangsvollstreckung aus Vergleichen oder Schiedssprüchen hat eine staatliche Vollstreckbarkeitserklärung zur Voraussetzung. Sie erfolgt durch den Vorsitzenden des an sich zuständigen Arbeitsgerichts nach Anhörung des Gegners und ist auszusetzen, wenn die Erhebung der Aufhebungsklage nachgewiesen wird. Sonst muß sie bei Vorhandensein der formellen Voraussetzungen (Zustellung) ohne Rücksicht auf die Richtigkeit des Spruches oder seine Zweckmäßigkeit erteilt werden, und zwar auch dann, wenn die Voraussetzungen der Aufhebungsklage vorliegen. Die Entscheidung erfolgt durch Beschluß des Vorsitzenden allein, also ohne Zuziehung der Beisitzer, und ist endgültig § 99.

d) Die Aufhebungsklage (§ 100) bezweckt die Vernichtung eines vom Schiedsgericht erlassenen Schiedsspruchs durch das staatliche Arbeitsgericht wegen bestimmter Mängel. Sie ist, soweit die Vollstreckbarkeitserklärung erteilt ist, das einzige Mittel, die Unwirksamkeit eines Schiedsspruchs herbeizuführen.

α) Zuständig ist das Arbeitsgericht, das an sich ohne Schiedsvereinbarung zuständig gewesen wäre.

β) Voraussetzung der Klage sind materiell bestimmte erschöpfend aufgezählte Mängel des Schiedsspruchs [Unzulässigkeit des Verfahrens, gewisse strafrechtliche Verstöße und — abweichend vom ordentlichen Verfahren — Verstoß gegen zwingende gesetzliche Vorschriften[1])], formell die Einhaltung einer Notfrist von 2 Wochen.

γ) Die Aufhebung erfolgt durch unanfechtbares Urteil des Arbeitsgerichts, das, falls Vollstreckbarkeitserklärung erteilt war, auch deren Aufhebung auszusprechen hat.

B. Im Verfahren auf Grund Schiedsgutachtenvertrages gelten vom allgemeinen Schiedsverfahren die Grundsätze über Anhörung der Parteien, Beweisverfahren, Fällung des Schiedsspruchs und Ablehnung von Schiedsrichtern, doch gibt es hier natürlich keine Zwangsvollstreckung und demgemäß auch keine Aufhebungsklage § 107.

C. Ein Verfahren auf Grund Gütevertrags findet nur statt, wenn die Parteien vor der Gütestelle persönlich erscheinen. Für die Absetzung von Schiedsrichtern gelten auch hier die gleichen Grundsätze, vor allem entscheidet darüber das staatliche Arbeitsgericht. Ein vor der Gütestelle abgeschlossener Vergleich ist von den Streitteilen sowie den Mitgliedern der Gütestelle zu unterschreiben und bildet zwar einen Vollstreckungstitel, bedarf aber zur Durchführung der Zwangsvollstreckung einer besonderen Vollstreckbarkeitserklärung durch das zuständige staatliche Arbeitsgericht § 104.

---

[1]) Durch diese Erweiterung gegenüber dem ordentlichen Verfahren erhält die Aufhebungsklage die Funktion einer Revision. Sie kann nicht durch Schiedsvertrag ausgeschlossen werden, da sie im öffentlichen Interesse eine staatliche Kontrolle über die private Schiedsgerichtsbarkeit bildet.

Anhang.

Verzeichnis der Arbeitsgerichte und Landesarbeitsgerichte[1]).

I. Arbeitsgerichte.

A. Preußen[2]).

Kammergerichtsbezirk:

Berlin — Brandenburg a. H. — Cottbus — Cüstrin — Eberswalde — Finsterwalde — Forst — Frankfurt a. O. — Fürstenwalde — Guben — Landsberg a. d. W. — Luckenwalde — Neuruppin — Potsdam — Prenzlau — Pritzwalk — Rathenow — Senftenberg — Spremberg — Wittenberge — Woldenberg.

Oberlandesgerichtsbezirk Breslau:

Beuthen O.-S. — Breslau — Brieg — Bunzlau — Glatz — Gleiwitz — Glogau — Görlitz — Grünberg — Hindenburg — Hirschberg — Hoyerswerda — Kreuzburg O.-S. — Landeshut — Lauban — Liegnitz — Neiße — Oels — Oppeln — Ratibor — Reichenbach — Sagan — Schweidnitz — Waldenburg — Weißwasser.

Oberlandesgerichtsbezirk Celle:

Bassum — Blumenthal — Bremervörde — Celle — Emden — Gifhorn — Goslar — Göttingen — Hameln — Hannover — Harburg — Hildesheim — Lingen — Lüneburg — Nienburg — Norden — Osnabrück — Osterode a. H. — Peine — Stade — Uelzen — Verden — Wesermünde — Geestemünde — Wilhelmshaven.

Oberlandesgerichtsbezirk Düsseldorf:

Barmen — Cleve — Düsseldorf — Duisburg — Elberfeld — Gladbach (München-) — Hamborn — Krefeld — Lennep — Mörs — Mülheim (Ruhr) — Neuß — Oberhausen — Opladen — Remscheid — Solingen — Velbert — Wesel.

Oberlandesgerichtsbezirk Frankfurt a. M.

Altenkirchen — Dillenburg — Frankfurt a. M. — Hechingen — Limburg (Lahn) — Neuwied — Niederlahnstein — Wetzlar — Wiesbaden.

Oberlandesgerichtsbezirk Hamm i. Westf.

Altena — Arnsberg — Bielefeld — Bocholt — Bochum — Dortmund — Essen — Gelsenkirchen — Gladbeck — Hagen — Hamm i. Westf. — Herford — Iserlohn — Minden — Münster — Paderborn — Recklinghausen — Rheine — Siegen.

Oberlandesgerichtsbezirk Kassel:

Corbach — Eschwege — Fulda — Hanau — Hersfeld — Kassel — Marburg — Schmalkalden.

Oberlandesgerichtsbezirk Kiel:

Altona — Flensburg — Heide — Husum — Itzehoe — Kiel — Neumünster — Oldenburg i. Holst. — Pinneberg — Ratzeburg — Rendsburg — Wandsbeck — Westerland — Wyk a. Föhr.

Oberlandesgerichtsbezirk Köln:

Aachen — Bonn — Düren — Eschweiler — Euskirchen — Gemünd — Gummersbach — Hermeskeil — Koblenz — Köln — Bad Kreuznach — Mayen — Prüm — Siegburg — Sinzig — Traben-Trarbach — Trier.

Oberlandesgerichtsbezirk Königsberg i. Pr.:

Allenstein — Bartenstein — Braunsberg — Heilsberg — Insterburg — Johannisburg — Königsberg — Labiau — Lötzen — Lyck — Mohrungen — Neidenburg — Ortelsburg — Osterode (Ostpr.) — Rastenburg — Seesburg — Stallupönen — Tilsit — Wehlau.

Oberlandesgerichtsbezirk Marienwerder:

Elbing — Flatow — Deutsch-Krone — Marienburg — Marienwerder — Meseritz — Rosenberg — Schlochau — Schneidemühl.

---

[1]) Die Organisationspläne für Braunschweig und beide Lippe lagen bei Drucklegung noch nicht vor.

[2]) VO. vom 17. Juni 1927, Preuß. Ges. Samml. S. 97.

Oberlandesgerichtsbezirk Naumburg a. d. S.:

Aschersleben — Bitterfeld — Burg — Eisleben — Elsterwerda — Erfurt — Gardelegen — Halberstadt — Halle a. d. S. — Herzberg a. d. E. — Magdeburg — Merseburg — Mühlhausen i. Thür. — Naumburg a. d. S. — Neuhaldensleben — Nordhausen — Oschersleben — Osterburg — Quedlinburg — Salzwedel — Schönebeck — Staßfurt — Stendal — Suhl — Torgau — Weißenfels — Wittenberg — Worbis — Zeitz — Ziegenrück.

Oberlandesgerichtsbezirk Stettin:

Belgard — Greifswald — Kolberg — Köslin — Lauenburg i. P. — Naugard — Neustettin — Schlawe — Stettin — Stolp — Stralsund — Swinemünde — Uckermünde.

B. Bayern[1]).

Aichach — Altötting — Alzenau — Amberg — Ansbach — Arnstorf — Aschaffenburg — Auerbach — Augsburg — Bamberg — Baunach — Bayreuth — Beilngries — Bergzabern — Berneck — Brückenau — Buchloe — Burgau — Burgebrach — Burglengenfeld — Cham — Coburg — Dachau — Deggendorf — Dillingen — Dingolfing — Dinkelsbühl — Donauwörth — Dorfen — Dürkheim — Ebersberg — Eichstätt — Eltmann — Erding — Erlangen — Eschenbach — Forchheim — Frankenthal — Freising — Freyung — Fürstenfeldbruck — Fürth — Füssen — Garmisch — Gemünden — Germersheim — Gräfenberg — Grafenau — Greding — Grünstadt — Günzburg a. d. D. — Gunzenhausen — Haag — Hammelburg — Haßfurt — Hemau — Hilpoltstein — Höchstadt a. d. Aisch — Hof — Illertissen — Immenstadt — Ingolstadt — Kandel — Kaiserslautern — Karlstadt — Kaufbeuren — Kelheim — Kemnath — Kempten — Kirchenlamitz — Kirchheimbolanden — Kissingen — Kitzingen — Kötzting — Konach — Krumbach — Kulmbach — Kusel — Landau a. d. Isar — Landau i. d. Pfalz — Landsberg — Landshut — Landstuhl — Lauf — Laufen — Lauterecken — Lichtenfels — Lindau — Lohr — Ludwigshafen a. Rh. — Ludwigsstadt — Mainburg — Mallersdorf — Markt-Erlbach — Memmingen — Miesbach — Miltenberg — Mindelheim — Monheim — Mühldorf — Münchberg — München — Münnerstadt — Naila — Neuburg a. d. D. — Neumarkt a. d. Rott — Neumarkt i. d. O.-Pfalz — Neunburg v. Wald — Neustadt a. d. Aisch — Neustadt a. d. H. — Neustadt a. d. S. — Neu-Ulm — Rittenau — Nördlingen — Nürnberg — Oberngünzburg — Obernburg — Oberviechtach — Ochsenfurt — Osterhofen — Parsberg — Passau — Pegnitz — Pfaffenhofen — Pfarrkirchen — Pirmasens — Regen — Regensburg — Rehau — Reichenhall — Riedenburg — Rockenhausen — Roding — Rosenheim — Rothenburg a. d. T. — Scheinfeld — Schongau — Schrobenhausen — Schwabach — Schwabmünchen — Schwandorf — Schweinfurt — Selb — Simbach — Speyer — Staffelstein — Straubing — Sulzbach — Tirschenreuth — Tölz — Traunstein — Trostberg — Uffenheim — Viechtach — Vilsbiburg — Vilseck — Vilshofen — Vohenstrauß — Waldmohr — Wasserburg — Weiden — Weiler-Lindenberg — Weilheim — Weißenburg i. Bay. — Wertingen — Windsheim — Wörth — Wolfratshausen — Würzburg — Wunsiedel — Zusmarshausen — Zweibrücken.

C. Sachsen[2]).

Annaberg — Aue — Auerbach — Bautzen — Chemnitz — Döbeln — Dresden — Freiberg — Glauchau — Klingenthal — Leipzig — Meißen — Olbernhau — Pirna — Plauen — Reichenbach — Riesa — Wurzen — Zittau — Zwickau.

D. Württemberg[3]).

Aalen — Backnang — Balingen — Biebrach — Calw — Ellwangen — Eßlingen — Freudenstadt — Gemünd — Göppingen — Hall — Heidenheim — Heilbronn — Horb — Ludwigsburg — Mergentheim — Ravensburg — Reutlingen — Rottweil — Saulgau — Stuttgart — Tübingen — Tuttlingen — Ulm — Vaihingen — Wangen.

E. Thüringen[4]).

Altenburg — Apolda — Arnstadt — Eisenach — Gera — Greiz — Gotha — Jena — Meiningen — Saalfeld — Sondershausen — Sonnenberg.

F. Baden[5]).

Baden — Bruchsal — Buchen — Donaueschingen — Eberbach — Freiburg — Heidelberg — Karlsruhe — Konstanz — Lahr — Lörrach — Mannheim — Mosbach — Neustadt — Offen-

---

[1]) VO. des bayerischen Staatsministeriums der Justiz und für soziale Fürsorge vom 28. April 1927 — Nr. 17079.

[2]) Gemeinsame VO. des sächsischen Ministeriums der Justiz und des sächsischen Arbeits- und Wohlfahrtsministeriums vom 3. Mai 1927 (Sächsische Staatszeitung Nr. 103).

[3]) VO. des Justizministeriums über die Arbeitsgerichtsbehörden in Württemberg vom 25. Mai 1927, Staatsanzeiger Nr. 122.

[4]) VO. vom 24. Mai 1927, Ges.-S. f. Thür. 1927/132.

[5]) VO. des Badischen Justizministeriums vom 12. Mai 1927 (Bad.Ges.VO.Bl. 1927/101).

Ergänzung zum Verzeichnis der Arbeitsgerichte und Landesarbeitsgerichte (zu S. 39):

I. Arbeitsgerichte.

Braunschweig: Helmstedt — Schöningen — Harzburg — Blankenburg — Seesen — Holzminden — Thedinghausen.
Lippe-Detmold: Detmold.
Schaumburg-Lippe: Stadthagen.

II. Landesarbeitsgerichte.

Braunschweig: Braunschweig.
Lippe-Detmold: Zu Landesarbeitsgericht Bielefeld.
Schaumburg-Lippe: Zu Landesarbeitsgericht Hannover.

burg — Pforzheim — Radolfszell — Rastatt — Sinsheim — Stockach — Tauberbischofsheim — Triberg — Villingen — Waldshut — Wolfach.

G. Hessen[1]).

Bensheim — Bingen — Darmstadt — Friedberg — Gießen — Lauterbach — Mainz — Michelsstadt — Nidda — Offenbach — Worms.

H. Hansestädte.

Bremen — Bremerhaven[2]) — Cuxhaven — Hamburg — Lübeck.

I. Kleinere norddeutsche Staaten.

Mecklenburg-Schwerin: Rostock — Schwerin — Wismar — Güstrow — Waren.
Mecklenburg-Strelitz: Neu-Strelitz — Neu-Brandenburg — Schönberg.
Oldenburg: Oldenburg — Rüstringen — Varel — Nordenham — Delmenhorst — Vechta — Cloppenburg.
Anhalt: Dessau — Bernburg.
Waldeck: Corbach.

II. Landesarbeitsgerichte.

A. Preußen.

1. Kammergerichtsbezirk: Berlin — Frankfurt a. d. O.
2. Oberlandesgerichtsbezirk Breslau: Breslau — Görlitz — Gleiwitz.
3. Oberlandesgerichtsbezirk Celle: Hannover — Stade (Sitz Harburg) — Osnabrück.
4. Oberlandesgerichtsbezirk Düsseldorf: Düsseldorf — Duisburg — Elberfeld — Krefeld.
5. Oberlandesgerichtsbezirk Frankfurt a. M.: Frankfurt a. M.
6. Oberlandesgerichtsbezirk Hamm i. W.: Bielefeld — Dortmund — Essen — Hagen i. W. — Münster i. W.
7. Oberlandesgerichtsbezirk Kassel: Kassel.
8. Oberlandesgerichtsbezirk Kiel: Altona — Kiel.
9. Oberlandesgerichtsbezirk Köln: Aachen — Koblenz — Köln.
10. Oberlandesgerichtsbezirk Königsberg i. Pr.: Königsberg i. Pr.
11. Oberlandesgerichtsbezirk Marienwerder: Elbing — Schneidemühl.
12. Oberlandesgerichtsbezirk Naumburg a. d. S.: Erfurt — Halberstadt — Halle a. d. S. — Magdeburg.
13. Oberlandesgerichtsbezirk Stettin: Köslin — Stettin.

B. Bayern.

Amberg — Ansbach — Aschaffenburg — Augsburg — Bamberg — Bayreuth — Coburg — Deggendorf — Eichstätt — Frankenthal — Hof — Kaiserslautern — Kempten — Landshut — München — Nürnberg — Passau — Regensburg — Straubing — Traunstein — Weiden — Würzburg — Zweibrücken.

C. Sachsen.

Dresden — Leipzig — Chemnitz.

D. Württemberg.

Heilbronn — Ravensburg — Rottweil — Stuttgart — Tübingen — Ulm.

E. Thüringen.

Jena.

F. Baden.

Freiburg — Karlsruhe — Konstanz — Offenburg — Mosbach — Mannheim.

G. Hessen.

Darmstadt.

H. Hansestädte.

Gemeinsames Landesarbeitsgericht: Hamburg.

I. Kleinere norddeutsche Staaten.

Mecklenburg-Schwerin: Güstrow.
Mecklenburg-Strelitz: Neu-Strelitz.
Oldenburg: Oldenburg.
Anhalt: Dessau.
Waldeck: Nach Vereinbarung mit Preußen: Kassel.

---

[1]) Bekanntm. der hess. Regierung vom 14. Mai 1927 (Hess. Regierungsblatt 1927, Nr. 9).
[2]) Noch nicht endgültig bestimmt.

Sachverzeichnis.

GPSR Compliance

The European Union's (EU) General Product Safety Regulation (GPSR) is a set of rules that requires consumer products to be safe and our obligations to ensure this.

If you have any concerns about our products, you can contact us on ProductSafety@springernature.com

In case Publisher is established outside the EU, the EU authorized representative is:

Springer Nature Customer Service Center GmbH
Europaplatz 3
69115 Heidelberg, Germany

Batch number: 10859428

Printed by Printforce, the Netherlands